当代齐鲁文库·山东社会科学院文库
THE LIBRARY OF
CONTEMPORARY SHANDONG
SELECTED WORKS OF SHANDONG
ACADEMY OF SOCIAL SCIENCES

山东社会科学院◎编纂

北洋舰队

戚其章◎著

中国社会科学出版社

图书在版编目(CIP)数据

北洋舰队 / 戚其章著. —北京:中国社会科学出版社,
2015.12
ISBN 978-7-5161-7152-3

Ⅰ.①北…　Ⅱ.①戚…　Ⅲ.①北洋海军—介绍
Ⅳ.①E295.2

中国版本图书馆 CIP 数据核字(2015)第 283367 号

出 版 人	赵剑英
责任编辑	冯春凤
责任校对	张爱华
责任印制	张雪娇

出　　版	中国社会科学出版社
社　　址	北京鼓楼西大街甲 158 号
邮　　编	100720
网　　址	http://www.csspw.cn
发 行 部	010 - 84083685
门 市 部	010 - 84029450
经　　销	新华书店及其他书店

印刷装订	环球东方(北京)印务有限公司
版　　次	2015 年 12 月第 1 版
印　　次	2015 年 12 月第 1 次印刷

开　　本	710×1000　1/16
印　　张	12.5
插　　页	2
字　　数	173 千字
定　　价	55.00 元

凡购买中国社会科学出版社图书,如有质量问题请与本社营销中心联系调换
电话:010 - 84083683

《山东社会科学院文库》
出版说明

　　党的十八大以来，以习近平同志为总书记的党中央，从推动科学民主依法决策、推进国家治理体系和治理能力现代化、增强国家软实力的战略高度，对中国智库发展进行顶层设计，为中国特色新型智库建设提供了重要指导和基本遵循。2014年11月，中办、国办印发《关于加强中国特色新型智库建设的意见》，标志着我国新型智库建设进入了加快发展的新阶段。2015年，在中共山东省委、山东省人民政府的正确领导和大力支持下，山东社会科学院认真学习借鉴中国社会科学院改革经验，大胆探索实施"社会科学创新工程"，成为全国社科院系统率先全面实施哲学社会科学创新工程的地方社科院之一。近一年来，山东社会科学院在科研体制机制、人事管理、科研经费管理等方面大胆改革创新，相继实施了一系列重大创新措施，为山东新型智库建设勇探新路，并取得了明显成效。

　　《山东社会科学院文库》（以下简称《文库》）是山东社会科学院"创新工程"重大项目，是山东社会科学院着力打造的《当代齐鲁文库》的重要组成部分。该《文库》收录的是我院建院以来荣获山东省社会科学优秀成果一等奖及以上的科研成果。首批出版的《文库》收录了孙祚民、戚其章、马传栋、路遇、韩民青、郑贵斌等全国知名专家的研究专著15部。这些成果涉猎历史学、哲学、经济学、人口学等领域，以马克思主义世界观、方法论为指导，深入研究哲学社会科学领域的基础理论问题，积极探索建设中国特色社会主义的重大理论和现实问题，为推动哲学社会科学繁荣发展发挥了重要作用。这些成果皆为作者经过长期的学术积累而打造的精品力作，充分体现了哲学社会科学研究的使命担当，展现了潜心治学、勇于创新的优良学风。这种使命担当、严谨的科研态度和科研作风值得我们认真学习和发扬，这是山东社会科学院深入推进创新工程和新型智库建设的不竭动力。

实践没有止境，理论创新也没有止境。我们要突破前人，后人也必然会突破我们。《文库》收录的成果，也将因时代的变化、实践的发展、理论的创新，不断得到修正、丰富、完善，但它们对当时经济社会发展的推动作用，将同这些文字一起被人们铭记。《文库》出版的原则是尊重原著的历史价值，内容不作大幅修订，因而，大家在《文库》中所看到的是那个时代专家们潜心探索研究的原汁原味的成果。

《文库》是一个动态的开放的系统，以后，我们还会推出第二批、第三批成果……《文库》的出版在编委会的直接领导下进行，得到了作者及其亲属们的大力支持，也得到了院相关研究单位同志们的大力支持。同时，中国社会科学出版社的领导高度重视，给予大力支持帮助，尤其是责任编辑冯春凤主任为此付出了艰辛努力，在此一并表示最诚挚的谢意。

本书出版的组织、联络等事宜，由山东社会科学院科研组织处负责。因水平所限，出版工作难免会有不足乃至失误之处，恳请读者及有关专家学者批评指正。

《山东社会科学院文库》编委会
2015 年 11 月 16 日

威海刘公岛北洋海军提督衙门

旅顺船坞

刘公岛水师学堂西辕门

丁汝昌（1836—1895）

丁汝昌德政碑

丁汝昌墨迹

北洋海军致远舰管带邓世昌（1849—1894）

北洋海军经远舰管带林永升（1853—1894）

日舰浪速号炮击高升号情节

黄海海战中北洋舰队追击逃跑的日舰

目　　录

第一章　北洋舰队的创建

第一节　清政府试办海军

一　李泰国买舰骗局

清朝原先只有旧式水师，没有近代化的新式海军。清朝水师有内河与外海之分。外海水师仅用于"防守海口，缉捕海盗。"① 海军的兴建，是由中国社会矛盾的发展而引起的。

清朝办海军的方法，主要有两种：一是买船；一是造船。在清朝海军发展的不同阶段，有时以买船为主，有时以造船为主。但在整个活动中，这两种办法始终是交叉使用的。

早在十九世纪三十年代末期，清政府便开始了最早的买舰活动。当时买舰的目的，是抵抗西方的侵略。一八三九年（道光十九年），林则徐以钦差大臣的身份，节制广东水师，到广州查禁鸦片时，为了加强水师的战斗力，以防范英国侵略者的武装挑衅，曾从美国商人手里买进一艘一千零八十吨的英制商船，改为兵船。这是中国购买西方船只的开端。

与此同时，林则徐还开始仿制西式船只。他曾参照欧洲船式，"捐资仿造西船"。② 当时有人亲眼看见这种仿制的船下水，写道："一八四〇年四月二十五日，两三只双桅船在广州河面下水。这些

① 《清史稿》，兵志，水师。
② 《林则徐集》，奏稿，八六五页。

船都是按欧洲船式建造的，可能加入帝国海军了。"① 这又开我国建造西式船只的先例。

一八四二年（道光二十二年），清政府"购吕宋国船一艘"，"隶水师旗营操演。"② 据称，这艘船"驾驶灵便，足以御敌"。这是我国从国外购进的第二艘船只。

到十九世纪五十年代，由于国内阶级矛盾的激化，爆发了太平天国运动。一八五三年（咸丰三年）三月，太平天国建都南京，并把南京改为天京。清政府为了挽救分崩离析的局面，一方面，调动马步各军对太平军实行围剿；另一方面，购买西方船只配合军事进攻。一八五六年（咸丰六年），由上海江海关税务司英人李泰国经手，购买铁皮轮船一艘。③ 一八六三年（同治二年），海关总税务司李泰国④经手，又购买了天平炮船一艘。

从一八三九年到一八六三年的二十四年间，中国共购进和仿造轮船六艘。这些船只，或用于防范西方侵略，或用于镇压国内人民，都是作兵船使用的。虽然如此，由于这些船只系零星置备，分散而不集中，且未形成一个组织和指挥的体系，因此还不能称为海军。清政府要兴办海军，是从李泰国到英国买船组织舰队的活动开始的。

清政府之所以要办海军，主要是为了镇压太平军。从一八五六年以来，清政府曾多次雇佣西方轮船，对太平军进行"水面攻剿"。⑤ 但是，这些雇佣的外国轮船，只听命于其本国政府，甚至有时"大为掣肘"。⑥ 于是，清政府开始感到有买舰自办海军的必要了。恭亲王奕䜣说，"借兵剿贼，流弊孔多，若只购买外洋船

---

① 陈其田：《林则徐》，北京英文版，一九页。

② 《清史稿》，兵志，海军。

③ 《清史稿》，兵志，海军。按：一八八二年（光绪八年），江南制造总局将此船加以改制，命名"钧和"。

④ 一八五九年，李泰国升任海关总税务司。

⑤ 宋晋：《水流云在馆奏议》卷下，一、六页。

⑥ 《洋务运动》第二册，二二九页。

炮，尚属事权在我"，而购买西方船只组织船队，"有中国官为之总统，尚无太阿倒持之弊。"① 按照奕䜣等的意思，是想拥有一支由清政府独立指挥的舰队，"不使受制于人。"②

最先提出筹建海军的是镇压太平天国运动的刽子手曾国藩。一八六〇年（咸丰十年）六月，曾国藩署理两江总督不久，即向清政府建议，要"攻取苏、常、金陵，非有三支水师，不能得手。"③但是，办海军所需要的火轮船，是设厂自造，还是从国外购买？这是首先要确定的问题。总理各国事务衙门的满族大臣、户部左侍郎文祥认为，中国自己设厂造船"非年余不成"，不如直接从外国购买"火轮船剿办更为得力。"④ 曾国藩立即赞同，并强调指出："购买外洋船炮，则为今日救时之第一要务。"⑤ 一八六二年（同治元年）春天，太平军在浙江迅速发展，连克宁波、杭州等城，清政府感到事机紧迫，于是决定"购买外国船炮，以资攻剿。"⑥

此后，清政府便开始了买船的活动。当时李泰国休假回国，代理总税务司英人赫德吹嘘英国火轮船"价减而佳"⑦，提出愿意帮助清政府购买。总理各国事务衙门经过多次与赫德磋商，同意由赫德函令李泰国在英国承办购船事宜。经商定，清政府先后三次共拨银八十万两，作为购买中号兵船三艘，小号兵船四艘的经费。并将这七艘兵船命名为"金台"、"一统"、"广万"、"得胜"、"百粤"、"三卫"和"镇吴"。

本来，按清政府的计划，这支花八十万两银子的代价买来的舰

---

① 《筹办夷务始末》，同治朝，第二一卷，一页。

② 《洋务运动》第二册，二二一页。

③ 《洋务运动》第二册，二二二页。按：此处所谓"水师"仍沿用习惯说法，所指即是海军。

④ 《洋务运动》第二册，二二二页。

⑤ 《曾文正公全集》，奏稿，第十七卷，四页。

⑥ 《洋务运动》第二册，二四一页。

⑦ 《洋务运动》第二册，二三四页。

队开到中国后，"事权悉由中国主持"①，并拟派统带巡湖营总兵蔡国祥统率这支船队，参将盛永清、袁俊，游击欧阳芳、邓秀枝、周文祥、蔡国喜，都司郭得山七人为各船管带。哪知道李泰国借买船之机，从中大捞油水，在八十万两船价之外又向清政府勒索经费二十七万两。不仅如此，李泰国还滥用权力，擅自招募英国军官、水手六百多人，并任命英国皇家海军上校阿思本为舰队司令。更难以容忍的是，李泰国与阿思本私立合同十三条。根据这些条款，清政府须任命阿思本为总统（舰队司令），不仅新购的七艘船归他指挥，而且中国所有的"外国式样船只"均归他管辖调度；阿思本只接受清朝皇帝的谕旨，且须由李泰国转达，"若由别人转谕，则未能遵行"；李泰国对皇帝的命令有权加以选择，可以拒绝接受；舰上军官、炮手、水手的选用，概由李泰国、阿思本决定。② 这实际上是妄图把这支舰队严格控制在英国侵略者的手中。

一八六三年（同治二年）七月间，李泰国将其拟定的合同草案递交总理各国事务衙门后，立刻引起了朝野大哗。总理各国事务衙门也认为："所立合同十三条，事事欲由阿思本专主，不肯听命于中国，尤为不谙体制，难以照办。"③ 于是，总理衙门提出了《轮船章程》五条，其主要条款是：中国选派武职大员为汉总统（司令），延聘阿思本为帮同总统（副司令）；舰队的一切行军进止，听中国主持，并接受驻泊地的总督、巡抚节制调遣；应随时挑选中国人员上船学习。④ 根据这些条款，李泰国再无插足这支船队的余地，阿思本的主要职责也只是"教练枪炮行驶轮船之法"。这样，就会"兵权仍操自中国，不至授人以柄"⑤ 了。这当然是英国侵略者所不肯接受的。一八六三年（同治二年）十月，船队开来

---

① 《筹办夷务始末》，同治朝，第二十卷，三页。
② 《海军实记·购舰篇》。
③ 《洋务运动》第二册，二四七页。
④ 《洋务运动》第二册，二四八页。
⑤ 《洋务运动》第二册，二五五页。

中国。由于双方意见难以统一，清政府只好支给李泰国经办费七千两，付出高额的遣散费三十七万五千两，并赏阿思本银一万两，令其将舰队驶回英国变卖。这样一买一卖，清政府白白地耗费了差不多九十万两银子。如下表①所示：

收支\n项目	支出（两）	收回（两）	亏损（两）
船只	650,000	467,500	182,500
炮位、火药、兵器	420,000	101,786	318,214
李泰国经办费	7,000		7,000
阿思本赏金	10,000		10,000
遣散费	375,000		375,000
合计	1,462,000	569,286	892,714

清政府初次试办海军，就这样落了空。而李泰国本人也因"办事刁诈，以致虚糜巨款"②，被清政府革去总税务司职务，灰溜溜地回国了。

二　创办造船工业

清政府买船办海军的计划失败后，便开始转向设厂造船。来筹建海军了。

但是，究竟如何设厂造船，也还有一个认识过程。一开始，有些洋务派的代表人物把这件事看得极为容易。例如，早在一八六一年（咸丰十一年），曾国藩在建议清政府买船的同时，便提出："购成之后访募覃思之士、智巧之匠，始而演习，继而制造，不过

---

① 李泰国所买英国船只，除七艘兵船外，还有探报船和蜑船。表中将其支出价银列入"炮位、火药、兵器"等项内，收回价银列入"船只"项内，并不影响亏损合计数的准确性。

② 《洋务运动》第二册，二五七页。

一二年，火轮船必为中外官民通行之物。"① 他根本不了解造船必须依赖当时中国所达到的工业生产和科学技术水平，以为只用手工业生产方式，依样画葫芦地仿造，不出一两年便会成功。事实上，这样做照样是行不通的。一八六三年（同治二年）曾国藩在安庆内军械所仿造了一艘小轮船，"全用汉人，未雇洋匠"，结果"行驶迟钝，不甚得法。"② 一八六四年（同治三年），左宗棠在杭州也找手工匠人仿造了一艘小轮船，虽"型模初具"，但"试之西湖，驶行不速"。③ 仿造轮船的失败，使他们开始感到，造船必须采用机器生产和借重外国技术人才了。

一八六六年（同治五年）二月，中国南部的太平军遭到失败。此后，民族矛盾逐步上升为中国社会的主要矛盾。同年六月，左宗棠便向清政府建议设立福州船政局④，开厂造船。当时，左宗棠的建议，首先是从加强海防以防范西方侵略的角度来考虑的。他说："自海上用兵以来，泰西各国，火轮兵船直达天津，藩篱竟成虚设，星驰飙举，无足当之。""而中国海船则日见其少，其仅存者船式粗笨，工料简率。海防师船尤名存实亡，无从检校，致泰西各国群起轻视之心，动辄寻衅逞强，靡所不至。此时东南要务，以造轮船为先著"。⑤ 并再三说明不造轮船就无法抵抗西方的侵略。"西洋各国向以船炮称雄"，"若纵横海上，彼有轮船，我尚无之，形无与格，势无与禁，将若之何？"⑥ 可见创办福州船政局的宗旨，与三年前买船办海军以镇压太平军为目的，是完全不同的。

同年八月，福州船政局成立，开始选地建厂，购买机器、轮机、大铁船槽等，聘请原宁波税务司法人日意格和法国洋枪队将领

① 《曾文正公全集》，奏稿，第十七卷，四页。
② 《洋务运动》第四册，一六页。
③ 《左文襄公全集》，奏稿，第十八卷，五页。
④ 又名马尾船政局，简称"闽厂"或"闽局"。
⑤ 《洋务运动》第五册，五、一九页。
⑥ 《洋务运动》第一册，一八——九页。

德克碑主持其事，并雇用三十七名法国技师和工匠监造轮船（以后洋人技师和工匠的数目又有增加）。左宗棠虽然聘用洋人造船，但决不处处受制于洋人。他和洋人订立合同，其中赏罚、进退、薪水、路费等都有明确的规定。合同还特别规定：所聘用的外国技师和工匠，必须"教习中国员匠自按图监造并能自行驾驶"[①]，"尽心教艺者，总办洋员薪水全给；如靳不传授者，罚扣薪水。"[②] 而且合同由法国驻上海总领事白来尼画押担保，"令洋匠一律遵守"。[③]

从一八六九年（同治八年）到一八九四年（光绪二十年）的二十五年间，福州船政局共造轮船三十四艘。如下表：

船名	船式	下水年度	排水量（吨）	马力	航速（节）	造价（万两）
万年清	运	1869	1370	580	10.0	16.3
湄云	炮	1870	515	320	9.0	10.6
福星	炮	1870	515	320	9.0	10.6
伏波	炮	1871	1258	580	10.0	16.1
安澜	炮	1872	1258	580	10.0	16.5
镇海	炮	1872	572	350	9.0	10.1
扬武	炮	1872	1560	1310	12.0	25.4
飞云	炮	1872	1258	580	10.0	16.3
靖远	炮	1872	572	350	9.0	11.0
振威	炮	1873	572	350	9.0	11.0
永保	运	1873	1353	580	10.0	16.7
海镜	炮	1874	1358	580	10.0	16.5
济安	炮	1874	1258	580	10.0	16.3
琛航	运	1874	1358	580	10.0	16.4

[①] 《洋务运动》第五册，二六页。
[②] 《洋务运动》第五册，六页。
[③] 《洋务运动》第五册，二六页。

船名	船式	下水年度	排水量（吨）	马力	航速（节）	造价（万两）
大雅	运	1874	1358	580	10.0	16.2
元凯	炮	1875	1258	580	10.0	16.2
艺新	炮	1876	245	200	9.0	5.1
登瀛洲	炮	1876	1258	580	10.0	16.2
泰安	炮	1877	1258	580	10.0	16.2
威远	炮	1877	1268	750	12.0	19.5
超武	炮	1878	1268	750	12.0	20.0
康济	运	1879	750	750	12.0	21.1
澄庆	炮	1880	750	750	12.0	20.0
开济	碰快	1883	2200	2400	15.0	38.6
横海	炮	1884	1230	750	12.0	20.0
镜清	碰快	1884	2200	2400	15.0	36.6
寰泰	碰快	1887	2200	2400	15.0	36.6
广甲	炮	1887	2300	1600	14.0	22.0
平远	钢甲	1889	2100	2400	14.0	52.4
广庚	炮	1889	316	440	14.0	6.0
广乙	鱼雷快	1890	1003	2400	14.0	20.0
广丙	鱼雷快	1891	1030	2400	13.0	20.0
福靖	鱼雷快	1893	1030	2400	13.0	20.0
通济	练	1894	1900	1600	13.0	22.6

其中炮船、钢甲船、碰快船和鱼雷快船[①]二十七艘，运船六艘，练船一艘。可见，福州船政局所造之船，主要用来防范外患。福州将军庆春说："闽厂制造兵轮船，原为捍卫海疆起见"。[②] 这话是不

---

① 钢甲船、碰快船，鱼雷快船皆属巡洋舰，只是构造、性能有所不同。
② 《洋务运动》第二册，三九七页。

错的。

当时中国造船的主要工厂，除福州船政局外，还有江南制造总厂。① 这是一八六五年（同治四年）李鸿章署两江总督时，在虹口铁厂的基础上创办的。创办之初，"以攻剿方殷，专造枪炮。"② 其目的是用来镇压中国南方的太平军的。一八六六年（同治五年）二月，南方太平军坚持的斗争告一结束。五月，沪局继闽厂之后，也开始制造轮船。一八六八年（同治七年），江南制造总厂所造的第一号轮船竣工，命名"恬吉"。③ "恬"者，"四海波恬"④ 也。可见也含有保卫海疆防御外来侵略的用意。

从一八六八年（同治七年）至一八八五年（光绪十一年）的十七年间，江南制造总局共造轮船八艘。如下表⑤：

船名	船式	下水年度	排水量（吨）	马力	航速（节）	造价（万两）
惠吉	炮	1868	600	392	9.0	8.1
操江	炮	1869	640	425	9.0	8.3
测海	炮	1869	600	431	9.0	8.3
威靖	炮	1870	1000	605	10.0	11.8
海晏	炮	1873	2800	1800	12.0	35.5
驭远	炮	1875	2800	1800	12.0	31.9
金瓯	铁甲	1876	—	200	—	6.3
保民	钢板	1885	—	1900	11.0	22.3

---

① 又名上海机器局或江南机器局，简称"沪局"。

② 《曾文正公全集》，奏稿，第三三卷，五页。

③ 后改称惠吉。

④ 《洋务运动》第四册，一七页。

⑤ 本表系以《江南制造局记》卷三所附的《制造表》为基础，并参考其他资料而制成。《制造表》没载时速，而其他记载又多不正确，如说惠吉"每小时上水行七十余里，下水行一百二十余里"，操江"往返几及二百里，不过两时有余"（《洋务运动》第四册，一七、二二页），显然有所夸大。故表中航速一栏，除操江、保民二船系根据有关资料外，余均由推算得来，仅供参考。

一八八五年以后，江南制造总局专门修理南北洋兵轮船只，就不再制造轮船了。

此外，一八八六年（光绪十二年），两广总督张之洞还在广东黄埔设厂，试造了小型浅水兵轮广元、广贞、广亨、广利四艘。

总计甲午战争以前，中国自己设厂造的船共四十六艘。① 通过发展造船工业，培养了我国第一批造船技术人才。例如，闽厂制造第五号安澜轮船所用的汽锅和轮机，便系厂中自造。到一八七四年（同治十三年），造船已能自行设计，"并无蓝本，独出心裁。"② 后来，则干脆"辞洋匠而用华人自造"，连法人监督也"资遣回国"了。③

在这同时，福州船政局还培养了一大批海军人才。一八六七年（同治六年），福州船政局设前后两学堂，前学堂教授制造，后学堂教授驾驶，招生学习。甲午战争中著名的爱国将领刘步蟾、林泰曾、邓世昌、林永升等，都是后学堂的第一届毕业生。

这样，便为筹办海军初步奠定了基础。有人说，福州船政局的设立，"是为中国海军萌芽之始"。④ 这不是没有道理的。

第二节 北洋舰队的建立

一 三洋海军初建

清政府从自己设厂造船以来，到一八七四年（同治十三年）为止，共造了十九艘船，其中闽厂十四艘，沪局五艘。⑤ 在这同期，清政府从国外买船十艘，其中炮船安澜、镇涛、澄清、绥靖、飞龙、镇海（以上购自英国）、澄波（购自法国）、海东云（购自

---

① 此数字未将其他地方（如天津船坞）所造的民用小船统计在内。
② 《洋务运动》第五册，一六六页。
③ 《左文襄公全集》，书牍，第十六卷，二页。按：闽厂后来又雇了一些洋匠。
④ 池仲祐：《海军大事记》。
⑤ 参看本书第一章第一节。

洋商）九艘，练船建威（购自普鲁士）一艘。这些船只，由于吨位很小，装备陈旧，加之分散各处，缺乏统一的指挥，只能用于沿海巡缉，根本无法抵御外国的海上侵略。于是，如何组织海军的问题便提到议事日程上来了。

一八七四年（同治十三年），发生了日本侵略我国领土台湾的事件。这年四月，日本政府借口琉球船民被台湾高山族人民杀害一事，设置台湾事务局，任命大隈重信为长官，在长崎设立侵台基地。同时，又任命陆军中将西乡从道为台湾事务都督，带兵三千侵台。五月，日本侵略军在台湾南部的琅𤩈（今名恒春）登陆。由于台湾人民的坚决抵御，侵略军陷入困境。日本政府不得已而索偿退兵。当然，这决不意味着日本政府放弃其侵略台湾的计划。当时，清政府也开始觉察到日本"为中国永久大患"① 了。

针对这种情况，江苏巡抚丁日昌提出了《海军水师章程》六条，建议成立北洋、东洋、南洋三支海军。北洋海军负责山东、直隶海面，设提督于天津；东洋海军负责浙江、江苏海面，设提督于吴淞；南洋海军负责广东、福建海面，设提督于南澳。每洋海军各设大兵船六艘，小兵船十艘，"三洋提督半年会哨一次"，以求达到"三洋联为一气"，"沿海要害，互有关涉，宜如常山之蛇，击首尾应"。② 当时，直隶总督兼北洋通商大臣李鸿章，正在积极筹建海军，他除了同意丁日昌三洋兵船"合成四十八艘"的意见外，还建议三洋各设铁甲船二艘，"北洋驻烟台、旅顺等处，东洋驻长江口外，南洋驻厦门、虎门等处"。③ 在当时来说，这些建议都是"隐为防御日本之计。"④ 李鸿章说："今之所以谋创水师不遗余力者，大半为制驭日本起见。"⑤

---

① 《筹办夷务始末》，同治朝，第九十九卷，三二页。
② 《筹办夷务始末》，同治朝，第九十八卷，二三页。
③ 《清史稿》，兵志，海军。
④ 《洋务运动》第二册，三三八页。
⑤ 《洋务运动》第二册，四九八页。

在清政府筹建三洋海军过程中，亲王大臣们曾就买铁甲船的问题展开了激烈的争辩。如前所述，李鸿章建议三洋各买铁甲船两艘，共购买六艘。反对购买铁甲船的意见，则多从经济方面着眼，如说："筹办洋人铁甲船，经费太巨，即使得力，海洋辽阔，必得若干铁甲船，始足弥缝其阙。此船一办，每年一切耗用必多"。①奕䜣也认为："中国现尚无此财力，未能定购。"② 但是，当时日本政府正大力扩充海军，其侵略矛头系对准中国，已毫无疑问。而日本所以敢于发动侵略战争，"正恃铁甲船为自雄之具。"因此，许多亲王大臣深切感到"中国无此船为可虑之尤。"③ 福建巡抚丁日昌更指出："现闻春夏间日本在英国新购铁甲船二号，均已制成下水。该岛距泰西远而距中国近，且亦断不敢与泰西为难。然则彼竭倾国之力而制此利器，其意果何为哉？"④ 所以，当时所谓"购办铁甲船以为自强根本"⑤、"欲求自强，仍非破除成见，定购铁甲不可"⑥ 等说法，其用意主要是针对日本侵略者的扩张野心的。这场争论持续了六年，直到一八八〇年（光绪六年），清政府才决定由李鸿章函令驻德公使李凤苞，向德国伏尔铿厂订造两艘铁甲舰。⑦

与此同时，在清政府的官员之间，还发生了一场关于造船与买船的争论。首先是在一八七二年（同治十一年），内阁学士宋晋以造船费重，请朝廷下令暂行停止。李鸿章和福建船政大臣沈葆桢"力陈当日船政缔造艰难，揆以列强形势，造舰培才，万不可缓。得旨从之。"⑧ 但是，李鸿章在造船与买船问题上的主张始终是摇

---

① 《洋务运动》第二册，三三七页。
② 《洋务运动》第二册，三三七页。
③ 《洋务运动》第二册，三三七页。
④ 《洋务运动》第二册，三七〇页。按：一八七五年，丁日昌由江苏巡抚调任福建巡抚。
⑤ 《洋务运动》第二册，三六九页。
⑥ 《洋务运动》第二册，四二一页。
⑦ 即定远和镇远。此二舰制成后于一八八五年（光绪十一年）驶抵中国。
⑧ 池仲祐：《海军大事记》。

摆不定的。他在一八七二年不主张买船，向朝廷建议："请饬沿江海各省，不得自向外购船，如有所需，向闽、沪二厂商报订制，以节度支。"① 一八七四年（同治十三年），他又提出："中国造船之银，倍于外洋购船之价。今急欲成军，须在外国定造为省便"。② 左宗棠的主张则是："雇不如买，买不如自造。"③ 他并不一般地反对买船，只是把买船看作是临时权宜之计，其根本目的期望达到一切船只可以自造。正如有人所指出的那样："为目前计，只得购之洋人，为久远计，必须自我制造"。④ 争论的结果是，清政府采取了造船与买船并重的方针，以加速海军的建成。从一八七二年（同治十一年）到一八八〇年（光绪六年）的九年间，清政府自己造船二十二艘⑤，平均每年两艘半。其中造船最多的年度，达到每年四艘到五艘。同期，从外国买船十四艘，其中炮舰福胜、建胜（以上购自美国）、龙骧、虎威、飞霆、策电，镇东、镇西、镇南、镇北、镇中、镇边（以上购自英国）十二艘，巡洋舰超勇、扬威（以上购自英国）两艘。

虽然清政府筹办三洋海军的方针已定，但限于财力，工作无法齐头并进，只能有所侧重，于一八七九年（光绪五年）五月确定"先于北洋创设水师一军，俟力渐充，由一化三"。⑥ 同年十一月，李鸿章以从英国订购的镇东、镇西、镇南、镇北四炮舰来华，北洋船只渐多，便报请清政府将记名提督丁汝昌留北洋海防差遣，暂任督操，实际上是作为日后北洋海军提督的人选。不久，沈葆桢死于两江总督任所。从此，海军的一切规划便专属于李鸿章，乃设水师营务处于天津，办理海军事务，以道员马建忠负责日常工作。一八

---

① 《清史稿》，兵志，海军。
② 《洋务运动》第一册，四七页。
③ 《洋务运动》第五册，四四三页。
④ 《洋务运动》第一册，二九页。
⑤ 参看本书第一章第一节。
⑥ 《洋务运动》第二册，三八七页。按：先是于一八七五年，清政府派李鸿章督办北洋海防事宜，两江总督沈葆桢督办南洋海防事宜。

八〇年（光绪六年）李鸿章又在天津创办水师学堂，以严复为总教习。并派英人葛雷森为北洋海军第一任总教习。一八八一年（光绪七年）一月，李鸿章派丁汝昌去英国接收订购的超勇、扬威两艘巡洋舰，于十月回国。同年九月，炮舰镇中、镇边也由英国驶回。于是，李鸿章便奏请以提督丁汝昌统领北洋海军，奏改三角形水师旗为长方形海军旗，以纵三尺、横四尺为定制，质地章色照旧。① 这样，北洋海军便拥有十四艘舰只，初具规模了。如下表②：

舰名	舰种	排水量（吨）	马力	航速（节）	制地	乘员	炮数（门）
超勇	巡洋	1350	2400	15.0	英	137	18
扬威	巡洋	1350	2,400	15.0	英	137	18
康济	练	1300	750	12.0	闽	124	11
威远	练	1300	840	12.0	闽	124	11
泰安	通报	1258	600	10.0	闽	180	7
湄云	通报	515	400	9.0	闽	70	3
操江	运输	640	425	9.0	沪	91	5
镇海	运输	572	350	9.0	闽	100	5
镇东	炮	440	350	8.0	英	55	5
镇西	炮	440	350	8.0	英	54	5
镇南	炮	440	350	8.0	英	54	5
镇北	炮	440	350	8.0	英	55	5
镇中	炮	440	400	8.0	英	55	5
镇边	炮	440	400	8.0	英	54	5

福建海军③拥有舰只十一艘。由于其中九艘是一八七六年（光绪二年）以前自己制造的，另两艘福胜、建胜炮舰，则系一八七

---

① 旗为黄地，蓝龙，红珠。
② 本表及后表原各项数据记载颇有出入，现用几种资料对勘，择善而从。
③ 相当于丁日昌《海洋水师章程》所说的"南洋水师"。

六年购自美国，因此福建海军比北洋海军早五年就初步建立起来
了。如下表①：

舰名	舰种	排水量（吨）	马力	航速（节）	制地	乘员	炮数（门）
扬武	巡洋	1560	1130	12.0	闽	200	11
伏波	炮	1258	580	10.0	闽	150	5
济安	炮	1258	580	10.0	闽	150	9
飞云	炮	1258	580	10.0	闽	150	7
福星	炮	515	320	9.0	闽	70	5
艺新	炮	245	200	9.0	闽	30	5
振威	炮	572	350	9.0	闽	100	5
福胜	炮	250	389	8.0	美	26	1
建胜	炮	250	389	8.0	美	26	1
永保	运输	1353	580	9.5	闽	150	3
琛航	运输	1358	580	9.5	闽	150	3

南洋海军②的建立要比北洋海军晚些。因为清政府原先规定，
筹建海军的经费由粤海关、江海关和江苏、广东、福建、浙江、江
西、湖北六省的厘金内，每年提出四百万两，从一八七五年（光
绪元年）七月起到一八七七年（光绪三年）六月止，统归北洋支
配；从一八七七年七月起，则由南北洋各得半数。一八八三年
（光绪九年），福州船政局制成开济，拨归南洋；南洋又向德国购
南琛、南瑞两艘巡洋舰。一八八四年（光绪十年），福州船政局又
制成镜清、横海两船，也拨归南洋。这样，南洋海军便拥有舰只十
八艘了。如下表：

---

① 福建海军的舰只数量屡有变动，此以一八八四年的舰数为准。又据池仲祐《海
军大事记》，福建海军还有万年清，元凯两船。事实上，万年清已于一八八一年停修，
改为练船，元凯调往浙江，归南洋管辖。

② 相当于丁日昌《海洋水师章程》所说的"东洋水师"。

舰名	舰种	排水量（吨）	马力	航速（节）	制地	乘员	炮数（门）
开济	巡洋	2200	2400	15.0	闽	170	14
镜清	巡洋	2200	2400	15.0	闽	190	14
南琛	巡洋	2200	2800	15.0	德	250	180
南瑞	巡洋	2200	2800	15.0	德	250	18
横海	炮	1230	750	12.0	闽	150	6
元凯	炮	1258	580	10.0	闽	100	9
澄庆	炮	1268	750	12.0	闽	150	6
驭远	炮	2800	1800	—	沪	—	—
超武	炮	1268	750	12.0	闽	150	7
登瀛洲	炮	1258	580	10.0	闽	158	7
威靖	炮	1000	605	12.5	沪	142	8
测海	炮	600	431	9.0	沪	120	8
靖远	炮	572	350	9.0	闽	118	5
金瓯	炮	195	200	12.5	沪	122	3
龙骧	炮	319	310	9.0	英	118	5
虎威	炮	319	310	9.0	英	118	5
飞霆	炮	400	270	9.0	英	60	6
策电	炮	400	270	9.0	英	60	6

至此，三洋海军已初步建成。这三支海军共拥有大小舰只四十三艘，吨位共四万二千多吨。[①] 北洋舰只分驻大沽、旅顺、营口、烟台，管辖奉天、直隶、山东海面；南洋舰只分驻江宁、吴淞、浙江等地，负责江苏、浙江海面；福建舰只负责守海口与巡守台湾、厦门以及琼廉海面。在当时来说，这还是一支可观的海军力量。如果能够统一指挥，领导得力，在抵御外国侵略的战争中是可以发挥

———————————

① 其中北洋海军一万零九百八十吨，福建海军九千八百五十七吨，南洋海军二万一千二百八十七吨，合计四万二千一百二十四吨。

其应有的作用的。事实上，这在当时是不可能做到的。左宗棠说："划为三洋，各专责成，则畛域攸分，翻恐因此贻误。"① 三洋互分畛域，指挥不统一，必然会导致严重的后果。

二 北洋舰队成军

三洋海军虽然初具规模，但还没有达到成军的阶段。一八八四年（光绪十年）八月，福建海军受到法国舰队的突然袭击，十一艘兵船同时俱尽。② 这就是著名的马尾海战。③ 这样，福建海军刚建立不久，就遭到夭折了。后虽勉强恢复，也只有七艘船。④ 一八八五年（光绪十一年）二月，法国海军侵扰浙江海面，南洋海军的澄庆、驭远二船被击沉。南洋海军虽然所受损失不大，但始终没有多大发展⑤，没有铁甲舰，仅有的几艘巡洋舰又陈旧落后，所以也还不能成军。在中法战争中，李鸿章拒绝派舰去马尾支援福建海军，他提出的理由是："北洋轮船皆小，本不足敌法之铁舰大兵船"，"断难远去，去亦无益有损"。⑥ 后在督办福建军务左宗棠的要求下，李鸿章不得不做些姿态，派德国教习式百龄率超勇、扬威二艘南下，中途又以朝鲜发生内乱为借口而撤回。因此，只有北洋海军在中法战争中没有受到任何损失。同时，由于清政府连年大力扩充舰船，并从别处抽调舰艇支援，结果不是"一化为三"，而是"三化为一"，北洋舰队才算成军了。

中法战争（一八八三年——一八八五年）后，清政府与法国签订了一系列丧权辱国的不平等条约，与此同时，英国、日本和沙俄也加强了其在远东的侵略。中国的民族危机进一步加深了。在马尾

---

① 《洋务运动》第一册，一一四页。
② 按：其中伏波、琛航二船，后又打捞出来修复使用。
③ 又称马江海战。
④ 即琛航、福靖、伏波、艺新、超武、长胜、元凯七船。
⑤ 后仅增加保民、寰泰、钧和三船。
⑥ 《清光绪朝中法交涉史料》第一卷，六页。

海战中，由于清政府采取了妥协政策，各洋海军又缺乏统一指挥，具体负责官员颟顸无斗志，以及武器装备落后，福建海军遭到了全军覆没。如果具体地分析一下，我们就可以看到，对整个中法战争来说，清政府的妥协政策是中国失败的主要原因。所以说法国是"不胜而胜"，中国是"不败而败"。而就马尾海战而言，负责官员颟顸无斗志又是福建海军失败的主要原因。至于福建海军的武器装备落后，也是其中的原因之一。这主要表现在三个方面：（一）船身系木料构成，不能抵御强烈炮火；（二）火炮少，十一艘船只有五十五门炮①，平均每船五门，而法舰十艘却有八十八门炮，平均每船九门；（三）没有鱼雷艇，而法国舰队则有鱼雷艇两艘。会办福建海疆事务张佩伦说："马江之役，法有鱼雷而我无之，深受其害。"② 虽有强调客观之嫌，但也反映了一定的实情，如福建海军的旗舰扬武号就是首先中雷沉没的。事后，清政府当然不能从根本上接受失败的教训，只是一面处分战守不力的文武官员，一面大力扩充海军。一八八五年（光绪十一年）六月二十一日，清政府在谕旨中宣称："当此事定之时，惩前毖后，自以大治水师为主。"③ 此举对发展北洋海军有利，因此李鸿章立表赞同，并誉之"洵为救时急务。"④ 他还建议清政府添设海部或海防衙门，以"统辖画一之权"。⑤ 本来，一八八四年（光绪十年）三月，总理各国事务衙门即有请设海军专部的意见，而始终未见实行。至此，清政府始决定收回海军，以统一指挥权。一八八五年十月，清政府设海军衙门，任醇亲王奕譞总理海军事务，庆郡王奕劻及李鸿章为会办，汉军都统善庆和兵部右侍郎曾纪泽为帮办。但实际大权仍操在李鸿章手中。他利用海军衙门整顿海防的名义，把北洋海军的建设推向

---

① 有的资料说是四十一门炮。

② 《涧于集》奏议，第四卷，八六页。

③ 《洋务运动》第二册，五六五页。

④ 《洋务运动》第二册，五六五页。

⑤ 《洋务运动》第二册，五七〇页。

了最高点。

从此，北洋海军的发展便进入第二阶段，即从初建到成军的阶段。在此阶段中，北洋海军的中心任务是增加质量较高的新舰。当时，这只能靠从西方买船来解决。是不是因为买船比造船便宜呢？确实有人以此为买船的理由的。如李鸿章就说过："中国造船之银，倍于外洋购船之价"，"须在外国定造为省便"。[1] 其实，李鸿章的说法是片面的夸大之词。一般地说，中国自造炮舰的工价与买的价格相比，要便宜得多，质量也较好。中国自造的旧式巡洋舰的工价与买的价格相比，也要便宜一些或大体相抵，质量也不相上下。至于中国自造的新式巡洋舰，虽然表面上看起来比买的便宜，但质量根本不行，实际上只是加了一层钢甲的旧式巡洋舰而已；而同买进的旧式巡洋舰相比，则费用确实将近"倍于外洋购船之价"。试比看下表[2]：

舰种	制地	舰名	吨位	马力	航速（节）	价格（万两）
炮舰	美	福胜、建胜	350	389	8.0	12.0
	英	镇东、镇西、镇南、镇北	400	350	8.0	15.0
	闽	镇海、靖远、振威	572	350	9.0	10.9
	沪	测海、操江	620	428	9.0	8.3
旧式巡洋舰	英	超勇、扬威	1350	2400	15.0	32.5
	闽	镜清、寰泰	2200	2400	15.0	36.5
	闽	广甲	1296	1600	14.0	22.0
新式巡洋舰	英	致远、靖远	2300	7500	18.0	84.7
	德	经远、来远	2900	5000	15.5	87.0
	闽	平远	2100	2400	14.5	52.4

---

① 《洋务运动》第一册，四七页。

② 表中，测海、操江的吨位和马力系取二舰的平均数。

由上表可知，根据当时中国的生产水平，要制造新式巡洋舰和铁甲舰是不可能的。要改善舰队的装备质量，起初非从外国购船不可。何况在马尾海战中，中国的造船业基地福州船政局遭到破坏，短时期内连炮舰和旧式巡洋舰也不能制造了。直到三年后，福州船政局才开始造成新船。此后十年中，只造了十艘船，平均每年一艘，生产力大大下降了。所以，当时有一些议论，诸如"铁甲船有害无利"、"不可购买洋船，并不可仿照制造"、"岂有必效敌人长技始能备御敌人之理"① 之类，纯粹是迂腐而不切实际的空谈！

从一八八五年（光绪十一年）以来，北洋海军购进的新船主要有三类：铁甲舰、新式巡洋舰和鱼雷艇。这些都是当时中国自己不能制造的。总计共添置新舰艇十四只，其中铁甲舰定远、镇远两艘，新式巡洋舰致远、靖远、经远、来远、济远五艘，鱼雷艇福龙②、左一、左二、左三、右一、右二、右三七号。

此外，还有一些舰只调到北洋舰队，如巡洋舰平远和练舰海镜、敏捷等号。于是，北洋舰队无论在装备质量上还是在数量上，都有所提高。

一八八八年（光绪十四年）九月，北洋舰队正式成军。其全部阵容如下③：

舰名	舰种	乘员	吨位	马力	航速（节）	火炮（门）	鱼雷发射管（枚）	制地
定远	铁甲	329	7335	6000	14.5	22	3	德
镇远	铁甲	329	7335	6000	14.5	22	3	德
经远	巡洋	202	2900	5000	15.5	14	4	德

———————————

① 《洋务运动》第一册，一五二、二五二页。

② 福龙鱼雷艇，乃一八八六年从德国购买的，归福州调遣，一八九〇年调至北洋。

③ 表中所列的广甲、广乙、广丙三舰，本属广东，一八九二年（光绪十八年）调来北洋随同操演，随后即留在北洋调遣。敏捷舰则系一八八八年十二月所购外国帆船，改为练船的。为叙述的方便，一并附于表中。又，飞霆本为炮舰，后改为差船。

舰名	舰种	乘员	吨位	马力	航速（节）	火炮（门）	鱼雷发射管（枚）	制地
来远	巡洋	202	2900	5000	15.5	14	4	德
致远	巡洋	202	2300	7500	18.0	23	4	英
靖远	巡洋	202	2300	7500	18.0	23	4	英
济远	巡洋	202	2300	2800	15.0	23	4	德
超勇	巡洋	137	1350	2400	15.0	18	3	英
扬威	巡洋	137	1350	2400	15.0	18	3	英
平远	巡洋	145	2100	2400	14.0	11	4	闽
广甲	巡洋	110	1296	1600	14.0	14	—	闽
广乙	鱼雷巡洋	110	1030	2400	15.0	9	4	闽
广丙	鱼雷巡洋	110	1030	2400	15.0	20	4	闽
镇东	炮	55	440	350	8.0	5	0	英
镇西	炮	54	440	350	8.0	5	0	英
镇南	炮	54	400	350	8.0	5	0	英
镇北	炮	55	440	350	8.0	5	0	英
镇中	炮	55	440	400	8.0	5	0	英
镇边	炮	54	440	400	8.0	5	0	英
康济	练	124	1310	750	12.0	11	0	闽
威远	练	124	1268	840	12.0	11	0	闽
海镜	练	124	1358	580	10.0	—	0	闽
敏捷	练	60	750	—	—	—	0	英
泰安	通报	180	1258	600	10.0	5	0	闽
湄云	通报	70	515	400	9.0	4	0	闽
操江	运输	91	640	425	9.0	5	0	沪
镇海	运输	100	572	350	9.0	5	0	闽
飞霆	差	60	400	270	9.0	6	0	英
福龙	鱼雷艇	30	115	1500	23.0	4	3	德

舰名	舰种	乘员	吨位	马力	航速（节）	火炮（门）	鱼雷发射管（枚）	制地
左一	鱼雷艇	29	108	1000	24.0	6	3	英
左二	鱼雷艇	28	108	600	19.0	2	2	德
左三	鱼雷艇	28	108	600	19.0	2	2	德
右一	鱼雷艇	28	108	600	18.0	2	2	德
右二	鱼雷艇	28	108	597	18.0	2	2	德
右三	鱼雷艇	28	108	597	18.0	2	2	德
定一	鱼雷艇	7	16	91	15.0	2	1	德
定二	鱼雷艇	7	16	91	15.0	2	1	德
镇一	鱼雷艇	7	16	92	15.0	2	2	德
镇二	鱼雷艇	7	16	91	15.0	2	2	德
中甲	鱼雷艇	7	—	—	—	—	1	德
中乙	鱼雷艇	7	—	—	—	—	1	德

除此之外，还有运输船利运号和差船宝筏号，以及运煤船伏平、勇平、开平、北平等号。总计大小舰艇近五十艘，吨位约五万吨。

北洋舰队成军后，虽然力量大为增强，但编制还是不够完备的。故当时有"参稽欧洲各国水师之制，战舰犹嫌甚少，运船太单，测量，探信各船皆未备，似尚未足云成军"① 之说，这是符合实际情况的。按当时的计划，还准备添置"大快船一艘，浅水快船四艘，鱼雷快船二艘"，"鱼雷艇六艘，练船一艘，运船一艘，军火船一艘，测量船一艘，信船一艘"，"以之防守辽渤，救援他处，庶足以壮声威而资调遣"。② 但是，醇亲王奕譞却认为"声势已壮"。③ 李鸿章于一八九一年（光绪十七年）五月校阅北洋海军

① 《北洋海军章程》。
② 《北洋海军章程》。
③ 《洋务运动》第三册，六四页。

时，看到表面的军容之盛，也颇自鸣得意。他说："综核海军战备，尚能日异月新，目前限于饷力，未能扩充，但就渤海门户而论，已有深固不摇之势。"① 可是，到他一八九四年（光绪二十年）五月校阅北洋海军时，调子却大变了："中国自十四年北洋海军开办以后，迄今未添一船，仅能就现有大小二十余艘，勤加训练，窃虑后难为继。"② 为什么会有这种变化呢？因为他看到了"船式日异月新"，"即日本蕞尔小邦，犹能节省经费，岁添巨舰"③ 的现实。到这时，李鸿章似乎觉察到，就中日两国海军的力量对比而言，中国已居于劣势了。

本来，当北洋舰队成军时，它的实力是超过了日本海军的。当时日本拥有舰只十七艘，可以作战的仅五艘，其中浪速、高千穗两艘是比较新式的巡洋舰，而扶桑、金刚、比睿三艘虽号称"铁甲"，但机器陈旧，速度迟缓④，已非海上作战的利器。可是，从那以后，日本政府锐意扩建海军，六年间添置十二艘军舰，平均每年两艘。特别是一八九一年（光绪十七年）以后，日本在三年间添置战斗力很强的新式战舰六艘，其中有海防舰⑤严岛、松岛、桥立三艘，巡洋舰吉野、秋津洲、千代田三艘。这样一来，日本海军的装备质量便远远超过了北洋舰队。相反地，北洋舰队自从成军以后，清政府即决定停止购舰。一八九一年，北洋海军右翼总兵刘步蟾以日本"增修武备，必为我患"，力陈于李鸿章，"请按年添购如定，镇者两舰，以防不虞"。⑥ 山东巡抚张曜也建议清政府"淘汰陈旧舰只，节省经费，以之另造铁甲坚船"。⑦ 清政府皆以饷力

①《洋务运动》第三册，一四六页。

②《洋务运动》第三册，一九三页。按：此处所谓"二十余艘"，并不包括鱼雷艇，差船，运煤船等。

③《洋务运动》第三册，一九三页。

④ 时速仅十三海里。

⑤ 即铁甲舰。

⑥ 池仲祐：《刘军门子香事略》。

⑦《洋务运动》第二册，六一五页。

极绌，仍照议暂停。而醇亲王奕譞却为了讨好慈禧太后，趁机挪用海军经费修建颐和园，把海防建设完全弃置不顾了。

因此，北洋舰队的成军，也就标志着它的发展进入了第三阶段，即停滞的阶段。

第二章　北洋舰队的编制与训练

第一节　北洋舰队的编制与领导

一　北洋舰队与李鸿章

说起北洋舰队，不能不提到李鸿章。北洋舰队是李鸿章一手筹办起来的。从北洋舰队的建立到它的最后覆灭，李鸿章一直是它的最高领导者。

北洋舰队的兴建，正当帝国主义对中国加紧侵略的时刻，"倭逼于东南，俄环于西北"①，"外警之迭起环生者，几于无岁无之。"② 当时一些清朝官员认为办海军就可以制止外国的侵略，如说："方今外洋环伺，迭起衅端"，"彼所以肆意要挟者，亦以我之海军未立也"③；"挫外夷之凶焰而折其谋，而其端则必自海军始"。④ 因此，当时筹建北洋海军完全是根据防范外国侵略的需要，是符合我国的民族利益的。

早在一八七〇年（同治九年），李鸿章就任直隶总督兼北洋大臣时，就提出了"整顿海防"⑤ 的建议。这个建议的目的，正如他后来在《筹议海防摺》中所说："洋人论势不论理，彼以兵势相

---

① 《洋务运动》第一册，二〇八页。
② 薛福成：《庸盦内外编》，海外文编，第二卷，六页。
③ 刘秉璋：《刘文庄公奏议》第四卷，一二页。
④ 《洋务运动》第三册，三二页。
⑤ 《洋务运动》第一册，二四页。

压，我第欲以笔舌胜之，此必不得之数也。夫临事筹防，措手已多不及，若先时备预，倭兵亦不敢来，乌得谓防务可一日缓哉！"①李鸿章对日本的侵略的估计是错误的，但他整顿海防是针对日本的侵略扩张，则是毫无疑问的。

可是，办海军需要大量船只，这些船只从哪里来呢？到一八七四年（同治十三年）为止，中国自造的船只共二十艘，分拨于沿海各省，天津只分到一艘镇海。这显然是无济于事的。于是，李鸿章提出："今急欲成军，须在外国定造为省便"。② 在他的主持下，北洋舰队的舰艇主要是购自外国的。如下表所示③。

中国纪年	公元	船　名	船式	国名
光绪元年	1875 年	龙骧、虎威、飞霆、策电	炮舰	英
光绪五年	1879 年	镇东、镇西、镇南、镇北、镇中、镇边	炮舰	英
光绪七年	1881 年	超勇、扬威	巡洋舰	英
光绪十一年	1885 年	定远、镇远	主力舰	德
		济远	巡洋舰	
光绪十二年	1886 年	福龙	鱼雷艇	德
光绪十三年	1887 年	左一	鱼雷艇	英
		左二、左三、右一、右二、右三	鱼雷艇	德
光绪十四年	1888 年	致远、靖远	巡洋舰	英
		经远、来远	巡洋舰	德

在北洋舰队初建之际，从国外购进舰只，这本是十分必要的。但是，李鸿章却把发展海军的希望完全寄托在买船上，而不是像日本那样，买船与造船并重，并以发展自造为主。一八七八年（光

---

① 《李文忠公全书》，奏稿，第二十四卷，一页。
② 《洋务运动》第一册，四七页。
③ 龙骧、虎威、飞霆、策电四炮舰于一八八○年（光绪六年）拨归南洋调遣。

绪四年）以前，日本的造船水平还落后于福州船政局，而一八八四年（光绪十年）前后，就和福州船政局大体相当了。到一八九四年（光绪二十年），日本的造船能力，已远远超过了福州船政局，可以自造三千吨级的巡洋舰（如秋津洲）和四千吨级的主力舰（如桥立）了。后来，北洋舰队因无力更新而出现"后难为继"的情况，便是李鸿章这一方针带来的必然结果。

在筹建舰队的同时，李鸿章还聘用了一些洋员。他们主要担任教习、管驾、管轮和管炮。一般地说，聘用一定数量的洋员做技术工作，这是必要的，何况舰队上的洋员数量并不多，而且逐渐减少。但是北洋舰队的总教习一职，李鸿章是始终用洋员充当的。李鸿章聘用洋人总教习，一方面是由于需要他们担任训练工作；另一方面也有一定的政治目的。李鸿章在对待外国侵略时，往往借助于洋人总教习的身份。例如，一八八四年（光绪十年）中法战争时，李鸿章派超勇、扬威二舰去上海，就是由德人式百龄统带的。一八九〇年（光绪十六年）以后，北洋舰队有四年多的时间没设总教习。可是，甲午战争刚爆发，李鸿章就迫不及待地要聘请总教习了。汉纳根本是德国陆军军官，马格禄乃是英国拖船的船长，皆非海军军官出身，对于海上作战茫然无知，李鸿章偏要聘请他们充当总教习，显然不是指望他们帮助训练，而是要借用他们的洋人身份。在帝国主义的军事侵略面前，李鸿章是个软骨头，这只不过是表现出其一个侧面罢了。

另外，李鸿章也常有盲目相信而滥用洋员的情形。例如，一八九四年（光绪二十年）十二月，美国人晏汝德，浩威"挟奇技来投效"，"其术近于作雾"，据称能够运兵登岸，活捉敌船，使雷艇靠近敌战船，而"敌不能看见"。① 这分明是一个骗局，而李鸿章却认为"留之必有用处"。② 其他滥用洋员的情况，也是不少的。

---

① 《中日战争》第三册，二五九、二六〇页。
② 《中日战争》第三册，二六九页。

但是，对于某些妄图攫取舰队指挥权的洋员，李鸿章却是抵制的。有人说，北洋舰队的指挥权一直严密控制和掌握在外国侵略者手中，这显然是不符合事实的。

李鸿章作为北洋舰队的最高领导者，不仅掌握了舰队的指挥权，而且掌握了舰队的人事权。清政府最高当局对北洋舰队的一切命令，只有通过李鸿章才能发生效力。当时即有人指出：李鸿章"拥兵自卫，不权缓急，专以保护畿辅为名，虑朝廷亦无以夺之，则是水师者非中国沿海之水师，乃直隶天津之水师；非海军事务衙门之水师，乃李鸿章之水师也。"① 这还是道出了一些实情的。虽然由于清政府的腐败以及统治阶级内部斗争的制约等原因，北洋舰队发展成军后便处于停滞状态，这不能完全归咎于李鸿章。但李鸿章所搞的任人唯亲一套做法，却给北洋舰队带来了极坏的影响。例如，关于拆除威海南帮龙庙嘴炮台的问题，丁汝昌与驻威海陆军将领刘超佩等的意见有分歧，而李鸿章却支持刘超佩等的错误意见，严厉批评丁汝昌，无非是因为刘超佩是他的至亲。② 再如，在黄海海战中，济远管带方伯谦和广甲管带吴敬荣同样是临阵逃跑，而事后方伯谦在旅顺被斩头，吴敬荣却以"人尚明白可造"③ 而逍遥法外，无非是因为吴敬荣是他的乡亲。因为李鸿章搞的是任人唯亲，必然要是非不明、赏罚不公，这就促成了北洋舰队内部的派系斗争和某些腐败现象的发展。对此，李鸿章是不能辞其咎的。

尤为重要的是，在外国侵略日益加紧的情况下，李鸿章不是把北洋舰队当作一支打击侵略者的军事力量，而是把它视为维持个人权势的政治资本，顶多对外起到一点威慑的作用。对于北洋舰队的作用，李鸿章就公开说过："亦不过聊壮声威，未敢遽云御大敌也"。④ 所以在整个甲午战争中，根据李鸿章本人的政治外交上的

---

① 《洋务运动》第三册，一七页。
② 参拙作《中日甲午威海之战》，五九、六二页。
③ 《中日战争》第三册，一三〇页。
④ 《李文忠公全书》奏稿，第七十二卷，四页。

需要，在军事上始终推行了一条"避战保船"的方针。李鸿章从来没有让北洋舰队主动地进攻和打击敌人。丰岛海战是在日舰偷袭的情况下发生的；黄海海战是一场遭遇战，主动进攻的仍是日本舰队；黄海海战后，李鸿章命令北洋舰队深缩威海港内，"有警时，丁提督应率船出，傍台炮线内合击，不得出大洋浪战"①，坚决实行"避战保船"的方针。直到日本侵略军进攻威海之际，李鸿章还口口声声"铁舰能设法保全尤妙"。② 这样，就使北洋舰队在战争中始终处于消极被动的地位，无法有效地打击敌人。

　　总之，北洋舰队是李鸿章创建起来的，最后又毁灭在他自己手里。成由其人，败亦由其人。应该说，北洋舰队是李鸿章平生的得意之作。但在他领导下，在抵御外国侵略的战争中却没有发挥出应有的作用。对此，李鸿章是逃脱不了罪责的。至于对北洋舰队广大将士的评价，则要同李鸿章分开。对具体问题要做具体分析。不能因为否定了李鸿章，就连整个北洋舰队及其广大将士都否定了。

二　北洋舰队的编制

　　早在一八八一年（光绪七年），北洋舰队创立之初，道员薛福成即拟定《酌议北洋海防水师章程》，但未颁行。③ 一八八八年（光绪十四年）九月，于北洋舰队成军的同时，正式颁布了《北洋海军章程》。北洋海军副将刘步蟾参加了章程的草拟，"一切规划，多出其手"。④ 刘步蟾在英国学过海军，"涉猎西学，功深伏案"⑤，故章程除吸取了薛福成《酌议北洋海防水师章程》的部分内容外，"内多酌用英国法"。⑥

---

① 《中日战争》第四册，三〇二页。

② 《中日战争》第四册，三一七页。

③ 见《清朝续文献通考》，兵考，海军。

④ 李锡亭：《清末海军见闻录》。

⑤ 《中日战争》第七册，五四四页。

⑥ 《洋务运动》第八册，二八四页。

　　章程规定了舰队的编制，包括舰只配备和人员定额，计军舰二十五艘，官兵四千余人。① 根据成军之初的编制，全军分为中军、左翼、右翼和后军：中军为致远、靖远、经远三舰；左翼为镇远、来远、超勇三舰；右翼为定远、济远、扬威三舰；后军包括守口炮舰镇东、镇西、镇南、镇北、镇中、镇边六艘，鱼雷艇左一、左二、左三、右一、右二、右三六艘，练舰威远、康济、敏捷三艘，运输舰利顺一艘。当时认为船只仍太少，还计划陆续添置。事实上，后来除从别处调来少数小型舰艇外，基本上没有得到扩充。

　　北洋舰队的官制，仍按清朝旧制：设海军提督一员，统领全军，提督衙门设在威海刘公岛上；总兵二员，分左右两翼，各统带铁甲舰，为领队翼长；副将以下各官员，根据他们所带舰艇的大小，职事的轻重，按品级分别安排。总兵以下各官员，都住在舰上，不另设衙门。副将以下官员的定额，计有：副将五员，参将四员，游击九员，都司二十七员，守备六十员，千总六十五员，把总九十九员，经制外委四十三员。

　　北洋舰队的官员有两种：一是战官；一是艺官。艺官大都是管轮学堂出身，担任各舰管轮或司汽机。战官的出身比较复杂，大致有四种情况：（一）由水师学堂出身，或毕业后又出国深造，兼备天文、地理、枪炮、鱼雷、水雷、汽机、驾驶诸学及战守机宜，充当各舰管带或大、二、三副等职；（二）出洋官学生出身，在国外学习海军，充当各小舰艇管带或大、二、三副等职；（三）船生出身，或在中国船上实习，或在洋船上实习，充当各小舰艇管带或大、二、三副等职；（四）长江水师员弁出身，后转入海军任职，人数极少，但资格甚老，皆充当管带等职。兹将北洋舰队主要战官的出身情况列表如下，以资参考：

_____

① 《北洋海军章程》所说军舰二十五艘，后屡有调整充实，故实际上不止此数。

出身	姓名	籍贯	军级	职务	备 考
福州船政学堂学生	刘步蟾	闽	总兵	定远管带	船政学堂第一届学生，一八七六年留英。
	林泰曾	闽	总兵	镇远管带	船政学堂第一届学生，一八七六年留英。
	邓世昌	粤	副将	致远管带	船政学堂第一届学生。
	叶祖珪	闽	副将	靖远管带	船政学堂第一届学生，一八七六年留英。
	林永升	闽	副将	经远管带	船政学堂第一届学生，一八七六年留英。
	邱宝仁	闽	副将	来远管带	船政学堂第一届学生。
	方伯谦	闽	副将	济远管带	船政学堂第一届学生，一八七六年留英。
	黄建勋	闽	参将	超勇管带	船政学堂第一届学生，一八七六年留英。
	林履中	闽	参将	扬威管带	船政学堂第三届学生。
	李 和	粤	都司	平远管带	船政学堂第一届学生。
	萨镇冰	闽	游击	康济管带	船政学堂第二届学生，一八七六年留英。
	林颖启	闽	游击	威远管带	船政学堂第二届学生，一八七六年留英。
	蓝建枢	—	都司	镇西管带	船政学堂第三届学生。
	林国祥	粤	都司	广乙管带、济远管带	船政学堂第一届学生，由广东调北洋。
	程璧光	粤	都司	广丙管带	船政学堂第五届学生，由广东调北洋。

续表

出身	姓名	籍贯	军级	职务	备考
出洋官学生	蔡廷干	粤	都司	福龙管带	第二批官学生，一八七三年留美。
	吴敬荣	皖	都司	广甲管带	第三批官学生，一八七四年留美，由广东调北洋。
	黄祖莲	皖	都司	济远二副、广丙大副	第四批官学生，一八七五年留美。
	陈金揆	粤	都司	致远大副	第四批官学生，一八七五年留美。
	沈寿昌	苏	都司	济远大副	第四批官学生，一八七五年留美。
船生	杨用霖	闽	护理总兵	镇远大副、署镇远管带	在中国船学习。
	陈策	闽	都司	经远大副	在中国船学习。
	柯建章	闽	守备	济远二副	在中国船学习。
	江仁辉	闽	都司	定远大副	在中国船学习。
	王永发	浙	参将	操江管带	在洋船学习。
	李士元	—	守备	左二管带	在中国船学习，又留德学鱼雷。
	刘芳圃	—	守备	右二管带	在中国船学习，又留德学鱼雷。
	徐永春	—	守备	右一管带	在中国船学习，又留德学鱼雷。
长师江员水弁	丁汝昌	皖	提督	统领全军	一八七九年李鸿章奏留北洋差遣。
	屠宗平	皖	游击	湄云管带	原驻牛庄，后驻营口。

　　由上表可知，福州船政学堂学生是北洋舰队的主要骨干和中坚，出洋官学生和船生次之。李鸿章说：北洋"所需管驾、大副、二副、管理轮机炮位人员，皆借材于闽省"。① 这确实是真实情况。

———————

① 《洋务运动》第二册，四六〇—四六一页。

这是一批中国最早的海军人才。其中，多数在保卫祖国海疆的战斗中表现英勇。例如沈寿昌、柯建章在丰岛海战中战死，邓世昌、林永升、黄建勋、林履中、陈策在黄海海战中牺牲，黄祖莲在威海海战中阵亡，丁汝昌、刘步蟾、杨用霖则拒降自杀。当然也有一些民族败类。如王永发在丰岛海战中投降敌人，方伯谦、吴敬荣在黄海海战中临阵脱逃，蔡廷干、李士元、刘芳圃、徐永泰在威海海战中乘机逃跑。但是，看其主流，总算是一批难得的海军人才。

战官的升擢主要有三途：（一）作战有功，如黄海海战后，右翼总兵刘步蟾以提督记名简放，由汉字勇号强勇巴图鲁赏换清字勇号格洪额巴图鲁；升用参将左翼中营游击杨用霖免补参将，以副将尽先补用。（二）接船有功，如一八八五年（光绪十一年）接在德国订造的定远、镇远、济远三舰来华，以"远涉风涛数万里，俱臻平稳"①，尽先游击刘步蟾免补游击，以水师参将尽先补用，尽先千总邱宝仁以守备尽先补用；一八八八年（光绪十四年）接在英、德两国订造的致远、靖远、经远、来远四舰来华，邓世昌、叶祖珪、林永升、邱宝仁均赏给汉字勇号。（三）训练有功，如一八九一年（光绪十七年）李鸿章检阅北洋海军后，即赏给邓世昌、叶祖珪、林永升、邱宝仁清字勇号，赏给方伯谦汉字勇号。这三项擢升标准，对选拔人才起了一定作用。但是，李鸿章在提拔人才时往往破坏这三项标准，如广乙管带林国祥本是丰岛海战中的逃将，毁舰登岸后，复被日军俘虏，"听命立永不与闻兵事状"②，而黄海海战后却升为济远管带，这就不能不引起军心不服，从而影响了士气。

按北洋舰队的编制，炮手以上为官员。其服装同于陆军，但夏季可戴草帽，故水手背地称官员为"草帽儿"。官员的品级从顶子上分，职别从袖饰上分。炮手的袖饰是一条金龙；管带、大副、二

---

① 《洋务运动》第三册，一〇页。
② 《中日战争》第一册，六五页。

副的袖饰都是二龙戏珠，只是珠子颜色不同，管带的珠子红色，大副的珠子蓝色，二副的珠子金色。因此，官员的品级和职别可以一目了然，反映了舰队内等级的森严。①

水手头以下为士兵。士兵的来源，除少数系从原登州、荣成水师转来的②以外，一般都是从威海、荣成、文登一带农民、渔民和城镇人民中招募。应募的条件是：第一，年龄以十六岁至十八岁为合格，十六七岁身高四尺六寸以上为率，十八岁四尺七寸为率；第二，略能识字，必须自书姓名；第三，有父兄或保人画押作证；第四，凡刑伤罪犯之人，概不招募。招募时，由练勇学堂督操官或练船管带官会同驾驶大副、医官三人目测合选，然后录取。

士兵包括水手头、水手和练勇，各有等级。炮手虽属官员，但均由一等水手考升，职位最低，类似士兵，也有等级。如下表③：

职称	等级	每月饷银（两）
炮手	一等	18.0
	二等	16.0
水手头	正	14.0
	副	12.0
水手	一等	10.0
	二等	8.0
	三等	7.0
练勇	一等	6.0
	二等	5.0
	三等	4.5

---

① 据《镇北舰水手苗秀山口述》（一九六一年）。

② 《洋务运动》第二册，四六二页。

③ 据《来远舰水手陈学海口述》（一九五六年）。

按《北洋海军章程》，练勇以二百五十人为定额。事实上，后来招募练勇的数目远远突破了这个定额。例如，一八九一年（光绪十七年）即在威海、荣成一带招练勇七个排，每排二百人，共一千四百人。① 各舰遇到水手请假、革退、病故等情况，即在练勇中挑补，以保证舰队人员不至于缺额。所以，所谓"练勇"实即见习水手。

北洋舰队士兵的升级条例，系仿照英制，规定十分严格。凡应募的士兵，初上练船，都是三等练勇。三等练勇在海上实习一年，经考核合格者，由练船管带提升为二等练勇；不合格者继续学习。二等练勇考升一等练勇，年龄须在十九岁以上，在练船管带官、驾驶大副、枪炮大副以及炮弁的主试下，合格才提升为一等练勇；不合格者继续学习。凡三等水手缺额，须在一等练勇中调补，不必再考。二等水手缺额，须在三等水手中考升。所派考官与考试一等练勇相同。一等水手缺额，须在二等水手中考升，派枪炮大副为考官，熟悉大炮操法，且能发令操演洋炮、手枪各技，方为合格。副水手头缺额，由一等水手内考升。正水手头缺额，则由副水手头按资擢升，不再考试。凡一等水手年龄在三十岁以下，熟悉大炮、洋枪、手枪等操法，引信使用，以及操演队法，并善于打靶、略能识字，即可应考炮手，由枪炮练船大副主试，枪炮练船管带官录取。考在前列者为一等炮手；在后者为二等炮手，无缺可补即作为候补炮手。

以上练勇、水手、炮手的等级和考升条例，反映了当时军舰上的细密分工和严格的考核制度，但也有不少形式主义的东西。如规定应募练勇的年龄为十六岁到十八岁，据调查，有不少三等练勇只有十五岁。再如规定三等练勇须在船上实习一年才能考升二等练勇，在实践中也不是完全能行得通的。威海刘公岛渔民苗秀山于一八九四年八月应募当三等练勇，九月就升为二等练勇，十二月升三

---

① 据《来远舰水手陈学海口述》（一九五七年）。

等水手，于次年一月又提升为二等水手。前后才七个月，他就连升四级。① 而有的当了两年多三等练勇，也没有升上三等水手。② 尽管如此，这些条例对北洋舰队选拔熟练的水手和炮手，还是起到了应有的作用的。

三　北洋舰队中的洋员

按北洋海军的编制，洋员无定额，有的在舰上，有的在岸上，数量很不稳定。过去我们总是采取简单化的方法，对洋员全盘否定，这不是实事求是的态度。

当时清政府从国外购进几批新式战舰，需要大量驾驶轮机、炮火等方面的军事技术人才。要满足这种需要，只有两个办法：一是派人出去学；二是请人进来教。在这两个办法中，清政府主要采取了第一个办法。根据这个办法，福州船政学堂曾先后派出三批学生共六十七人③，出国学习。清政府还先后派四批官学生出国学习，共一百二十人，回国后也多半转入海军。④ 另外，北洋舰队和水师学堂还派出一些人员出国学习。但是，仅依靠第一个办法，还是不能完全解决问题。所以，清政府又不得不辅之以第二个办法。不是清政府愿意这样做，而是当时形势逼迫它这样做。薛福成说："外侮日迫，极图借才异国，迅速集事，殆有不得已之苦衷"⑤，便道出了这种隐情。

那么清政府和洋员之间究竟是什么关系呢？有人说，是一种被

① 据《镇北舰水手苗秀山口述》（一九六一年）。

② 据《练勇营练勇苗国清口述》（一九五七年）。

③ 第一批是在一八七六年，派出制造学生十四人，艺徒七人，驾驶学生十二人，共三十三人；第二批是在一八八一年，派出学生十人；第三批是在一八八五年，派出制造学生十四人，驾驶学生十人，共二十四人。

④ 这四批官学生，分别于一八七二年、一八七三年、一八七四年、一八七五年出国，每批三十人。其中病故或因事故撤回者二十六人，学成归国者九十四人。在这九十四人中，有五十人分拨北洋海军。

⑤ 《庸盦内外编》，海外文编，第二卷，三一页。

控制和控制的关系。这是不符合事实的。实际上，基本上是属于雇佣的关系。他们主要担任驾驶、机务、炮务等技术性很强的工作。清政府聘用洋员，必立合同，其中赏罚、进退、工薪、路费等都有明文规定。合同规定的期限有长有短，长者三年或五年，短者只有数月。清政府对洋员实行高薪政策，例如定远、镇远、济远三舰人员共八百五十六人，薪粮银共一万五千三百一十一两，平均每人约十八两；洋员四十三人，薪水共六千零八两，平均每人约一百四十两，是中国人员的八倍。[1] 总教习琅威理月薪高达七百七十五两。[2] 甚至舰上一名洋炮手的月薪也有达到三百两的[3]，为中国炮手的十八倍。清政府花这么高的代价雇洋员，有的洋员滥竽充数怎么办？遇到这种情况，清政府可以随时"分别辞退"。[4]

当然，洋员中也有少数是具有政治野心的分子，如定远副管驾英人泰莱即是一个典型。泰莱于一八九四年五月进入北洋舰队后，即时刻企图攫取舰队的指挥权，成为"操实权之作战将官"。[5] 不仅如此，泰莱还企图控制整个中国海军。他曾与总教习德人汉纳根合谋，购买智利制造的六艘巡洋舰，加上德国和英国制造的各一艘，组成一支新舰队。这支新舰队开来中国后，与北洋舰队合成一军，由他担任全军水师提督。[6] 但泰莱的梦想终于由于刘步蟾等爱国将领的坚决反对而归于幻灭。泰莱想步李泰国之后尘，结果也和李泰国一样遭到了失败。这说明，外国侵略分子想控制中国舰队不是那么容易的。虽有少数洋员有破坏活动[7]，但从整体上看，这终

---

① 《李文忠公全书》，海军函稿，第一卷，一页。见所附《北洋海防月支各款摺》。

② 《洋务运动》第三册，八六页。

③ 谷玉霖《甲午之战威海拾零回忆记》："有一英人炮手，月薪三百两……中国炮手给他起了个绰号，叫'三百两'。"

④ 《洋务运动》第四册，二四六页。

⑤ 泰莱：《甲午中日海战见闻记》。

⑥ 参拙作《应该为刘步蟾恢复名誉》，《破与立》一九七八年第五期。

⑦ 参考本书第六章，第二节。

究是个别情况。

清政府和洋员之间既是一种雇佣关系，清政府是雇方，就应该操有自主之权。清政府提出的原则是："一切调度机宜，事权悉由中国主持。"① 从北洋舰队建立之日起，直到它最后覆没，从未违背这条原则。所以，它所雇用的洋员都带有临时性质，而且数目也在不断地减少。例如，一八八五年（光绪十一年），定远、镇远、济远三舰从德国驾驶回国时。共雇用洋员四百五十五人，到中国后只留下四十三人；一八八八年（光绪十四年），致远、靖远、经远、来远四舰从英国和德国驾驶回国时，雇佣洋员三十二人，到中国后只留下十三人。北洋舰队刚成军的时候，主要战舰上还有五十多名洋员，到一八九四年便逐步减少到八名了。广东巡抚蒋益澧说："船上舵工炮手，初用洋人指南，习久则中国人亦可自驶"。② 这一点，北洋舰队基本上是做到了的。

也有人认为洋人任总教习则是外国侵略者控制北洋舰队的象征，这也是不正确的。北洋舰队共聘用过六任总教习，其名单如下：

总教习		国籍	任期
第一任	葛雷森	英	一八八〇年九月，由海关总税务司赫德推荐。
第二任	琅威理	英	一八七九年十一月，由赫德推荐，但未就任。一八八三年三月始到职。一八八四年八月，因中法战争而回避去职。
第三任	式百龄	德	一八八四年六月，清驻德公使李凤苞在德国延募，同年十月到职。
第四任	琅威理	英	一八八六年五月，超勇管带林泰曾等请重聘琅威理复职，琅威理再次回到北洋舰队。一八九〇年初，因发生争挂督旗事件而辞职。

---

① 《洋务运动》第二册，二四九—二五〇页。
② 《洋务运动》第五册，一一页。

续表

总教习		国籍	任期
第五任	汉纳根	德	一八九四年八月，由李鸿章聘任。同年十一月，汉纳根提出要求以提督衔任海军副提督，赏穿黄马褂，掌指挥实权，未允，遂不到船任职。
第六任	马格禄	英	一八九四年十一月，由李鸿章聘任，直到一八九五年二月北洋舰队覆灭。

在这六任总教习中，琅威理任期最长，两次任职，时间长达五六年之久，应该是最有权的了。其实不然。早在一八七九年（光绪五年），清政府想聘用琅威理为总教习时，赫德即"嫌其无权"，提出"须有调派弁勇之权。"① 结果怎么样呢？只用一个事例便足以说明了。一八九〇年（光绪十六年），北洋舰队巡泊香港，"丁汝昌尝因事离舰，刘子香撤提督旗而代以总兵旗。时琅威理任海军总教习，挂副将衔，每以副提督自居，则质之曰：'提督离职，有我副职在，何为而撤提督旗？'刘子香答以'水师惯例如此'。"② 琅威理不服，"以电就质北洋，北洋复电以刘为是"。③ 由此可知，总教习无论加什么头衔，都不过是虚号崇优，并非实职。试想，连挂旗的资格都没有，还有什么指挥权呢？关于琅威理，英国专栏作家于得利说得很对："他的支配权最多只及于船舶运用术及炮术而已，至于行政则由中国人掌握最高权。"④ 其实，在觊觎北洋舰队权力问题上碰钉子的，何止总教习琅威理一人！另一名总教习汉纳根不也是因要求以提督衔任海军副提督掌握实权而碰壁，才不到船任职吗？

---

① 《洋务运动》第三册，二九七、三〇一页。
② 李锡亭：《清末海军见闻录》。
③ 池仲祐：《海军大事记》。
④ 《洋务运动》第八册，四四一页。

总之，无论总教习还是普通洋员，清政府和他们一般都是雇佣关系。他们当中少数人的非分要求和攫权企图，总因受到抵制而难以得逞。不少洋员克尽厥职，是有劳绩的。特别是主力战舰上的洋员，其中不少人在黄海海战中和中国爱国将士并肩战斗，并且表现得很勇敢。如帮办定远总管轮德人阿璧成，两耳虽在海战中被炮弹震聋，却毫不畏避，仍然奋力救火。致远管理机务英人余锡尔，重伤后继续战斗，与船同殉。定远管理炮务英人尼格路士，见船首管理炮火的洋员受伤，急至船首，代司其事；不久，舱面火起，又舍生救火，最后中炮身亡。此外，如定远总管炮务德人哈卜们和帮办镇远管带美人马吉芬，都因亲冒炮火而负伤。黄海海战"洋员在船者共有八人，阵亡二员，受伤四员"。[①] 他们的鲜血是和中国爱国将士的鲜血洒在一起的。所以，对北洋舰队中的洋员问题，必须作具体的分析，不能笼统地肯定或否定。

第二节 北洋舰队的教育与训练

北洋舰队的建立，需要大量熟练的专门人员和水手。人从哪里来？主要靠教育和训练。

清政府最早设立的海军教育机构，是福州船政学堂。船政学堂设于一八六七年（同治六年），先在福州城内白塔寺、仙塔街两处招生，初名求是堂艺局，学生称"艺童"。另外，又从广东招来已通英文学生邓世昌等十人，作为外学堂"艺童"。后以厂舍落成，学堂迁回马尾，分制造、驾驶两学科，习制造为前学堂，习驾驶为后学堂。甲午战争以前，船政学堂共毕业学生十二届，一百六十人，特别是前五届的毕业生当中，有不少人成为北洋舰队的高级将领和技术骨干。

北洋舰队建立之初，所需的管驾、大副、二副，以及管理轮机

---

① 《中日战争》第三册，一五六页。

和炮位人员，皆"借材"于福州船政学堂。一八七九年（光绪五年），两江总督沈葆桢死后，海军的规划权责遂专属于李鸿章。一八八〇年（光绪六年）八月，李鸿章奏准于天津设水师学堂，以前船政大臣光禄寺卿吴赞诚为总办，留英船政学生严复为总教习。一八八一年（光绪七年），水师学堂在天津卫城东三里落成，开始招生。但按原订学堂章程，学生每月赡家银只有一两，报考者甚为寥寥。一八八二年（光绪八年）十月，改订章程，规定学生每月赡养银为四两；学习期限为五年；考试成绩优等者，递加赡银，并赏功牌、衣料；学有成就，破格录用，等等。于是，天津水师学堂逐步走上正轨。清政府办水师学堂的目的，"原思亟得美材，大张吾军"，以期"今日之学生，即他年之将佐"。① 天津水师学堂确实为北洋舰队培养了相当一批技术力量。在这一批学生中，"文理通畅，博涉西学"② 者甚多。到甲午战争时，舰上的鱼雷大副、驾驶二副、枪炮二副、船械三副等职务多由他们充当。

继天津水师学堂之后，清政府又在北京西郊设立了一所水师学堂。一八八六年（光绪十二年）五月，清政府派醇亲王奕譞、北洋大臣李鸿章，汉军都统善庆检阅海陆军，并巡视沿海炮台。以培养海军人才为名，在北京颐和园西墙外昆明湖左边建筑校舍，名为昆明湖水师学堂。一八八七年（光绪十三年）冬天，校舍落成。一八八八年（光绪十四年）一月底，昆明湖水师学堂开始上课。第一届学生三十六人，于一八九三年（光绪十九年）冬天毕业。嗣后，又招收第二届学生四十名，还未到毕业，甲午战争就爆发了。昆明湖本不是训练海军人才的适宜之所，设水师学堂只不过是为慈禧修颐和园而掩人耳目而已。加上第一届毕业生刚到舰上实习，人数又少，故在甲午战争中没有什么突出的表现。

北洋所设的第三所水师学堂是在威海。一八九〇年（光绪十

---

①　张焘：《津门杂记》卷中，一九页。

②　余恩贻：《航海琐记》（又名《楼船日记》）上册。

六年），北洋海军提督丁汝昌建议在威海设立水师学堂，以便就近
兼习驾驶、鱼雷、水雷、枪炮等技术。随即在刘公岛西端向南坡地
上建筑校舍七十余间，名为威海水师学堂。其操场及应用器械兼
供练勇营并舰队共用。威海水师学堂总办由提督丁汝昌兼领，洋
教习由美人马吉芬充任。学堂所有规章制度，除内外堂课有变通
外，其管理、奖励等项都按照天津水师学堂章程办理。同年冬
天，趁北洋舰队南巡之便，在上海、福建、广东等地招收学生三
十六名。一八九一年（光绪十七年）五月，开始授课。另有自费
学生十名附学，共计四十六名学生。一八九四年（光绪二十年）
十月，第一届学生三十名毕业。按学堂规定，毕业学生放假回
籍。不久，日本侵略军进攻威海，这批学生尚休假在家，故未来
得及参加战斗。

除水师学堂之外，清政府还在旅顺设鱼雷学堂一所。早在一八
八一年（光绪七年），清政府即在旅顺设立了鱼雷营。一八八三年
（光绪九年）又在威海金线顶设立了鱼雷营。一八九〇年（光绪十
六年），为了培养急需的鱼雷人才，北洋决定设学堂于旅顺口鱼雷
营内，名为旅顺口鱼雷学堂，派鱼雷营总办刘含芳兼管堂务，聘鱼
雷专家德人福来舍为教习。课程以鱼雷为主，兼习德文、算学、航
海等科目。迄甲午战争爆发，先后毕业三届学生，共二十三名，派
充北洋舰队鱼雷副、鱼雷弁等职务。此外，又代江南水师学堂培训
鱼雷学生六名，结业后也留在北洋舰队任职。

以上教育机构，主要是培养舰队上所需要的专门人才。另外，
根据守卫海口的需要，清政府从一八八一年（光绪七年）以来，
在渤海湾沿岸的旅顺、大连、山海关、北塘、大沽等地，先后设水
雷营五处。① 设水雷营，便需用水雷人才。因此，除在大沽、旅顺

---

① 据李鸿章《北洋海防月支各款摺》（光绪十一年十一月二十九日），各水雷营
的官兵人数是：旅顺一百三十三人，山海关一百零八人，北塘一百二十八人，大沽二百
二十九人。大连官兵人数不详。

水雷营内附设水雷学堂外，又于一八九一年（光绪十七年），在威海港南北岸各设水雷营一处，各一百三十六人，南岸水雷营附设水雷学堂。同时，清政府还在山海关设武备学堂一所，在威海设枪炮学堂一所。山海关武备学堂的规模跟威海水师学堂的规模差不多，也招收学生三四十人。威海枪炮学堂共招收两届学生，每届约三十人。

所有这些学堂，都聘有少数洋教习。专业课程的教学多由洋教习主持。另外，还有一定数量的中国教习任课。聘用洋教习时，先订立合同，规定任职年限和薪金待遇等。薛福成曾记录了一部分洋教习的合同内容："鱼雷水雷学堂教习罗觉斯，光绪十三年正月到北洋水师行营，合同以三年为期，每月俸薪三百五十两。雷匠威廉在英雇募，教习北洋水师施放水雷一切用法，并装配拆卸修理水雷等事，合同以三年为期，每月薪水一百五十两。操炮教习雷登、费纳宁、赖世、锡伦司、希勒司、古纳尔共六员，于光绪十二年十一月到营，合同以三年为期，每月薪水各一百三十两。鱼雷教习纪奢、贝孙、海麦尔共三员，于光绪十三年正月到营，合同以三年为期，每月薪水各一百三十两。"[1] 洋教习的薪金最低一百三十两，最高三百五十两，平均是中国教习薪金的十几倍。这些被清政府雇佣的洋教习，多数能够按合同办事，有一定的教学效果。据一位参观过学堂的英国人说，学生们在洋教习的教授下，对于所学的原理"已有十分充足的知识。"[2] 清政府采取的方针是，"完全坚决地要尽量不依赖外国人，并避开外国的势力。"[3] 对洋教习中少数招摇撞骗或不听中国调度者，清政府有时就将他们辞退。

关于北洋舰队的训练，则有明确的规定：逐日小操；按月大

---

[1]　薛福成：《出使英法义比四国日记》第三卷，一九页。
[2]　《洋务运动》第八册，三九六页。
[3]　《洋务运动》第八册，三九四页。

操；立冬以后，全舰队赴南洋，与南洋舰队的南瑞、南琛、开济、镜清、寰泰、保民等舰合操，巡阅江苏、浙江、福建、广东各海口，直至新加坡以南各岛，兼资历练；每逾三年，钦派亲王大臣与北洋大臣出海检阅。①

逐日小操，是一切操练的基础，在北洋舰队里是最受重视的。这种操练每天都要进行，所以又叫做"常操"。舰上常操都有定程，随季节不同天之长短而设。据现在所看到的一份"秋季操单"，规定每天上午八点三刻至十一点三刻、下午两点至四点为操练时间。② 常操有两种：第一种，是舰内常操，主要使水手演习四轮炮操法、大炮操法、洋枪操法、刀剑操法等。这种常操每天上下午都要进行一次。凡水手，都是由练勇提升的，都在练船上受过这些操法的训练。练船之设，最早始于福州船政学堂。一八六九年（同治八年），福州船政学堂购买普鲁士帆船一艘，改为学生练船，取名建威。北洋舰队开始设练船，是在一八八〇年（光绪六年）。北洋舰队的练船，原先只有一艘康济。一八八六年（光绪十二年），又从英商手里购买一艘帆船改为练船，取名敏捷。后来，又将威远、海镜两艘炮舰改作练航。这样，便基本上满足了北洋舰队训练水手的需要。第二种，是舰队常操。舰队常操因只在每天巳时进行，故又称"巳刻操"。据记载，一八八七年（光绪十三年），邓世昌、叶祖珪、林永升、邱宝仁到英、德两国接带致远，靖远、经远、来远四舰，在归途中就每天进行这种常操，"时或操火险，时或操水险，时或作备攻状，时或作攻敌计，皆悬旗传之"。③ 一八九四年（光绪二十年）九月十七日，北洋舰队在大东沟完成护航任务之后，也按规定进行了舰队常操。④

进行舰队常操，主要是为了训练阵法。北洋舰队的阵法一百余

① 《清史稿》，兵志，海军。
② 余思诒：《航海琐记》上册。
③ 余思诒：《航海琐记》上册。
④ 川崎三郎：《日清战史》第七编，第四章，五二页。

式，其中最常用的有十式，如下表所示：

阵式	说　明
1. 鱼贯阵	分单行、双行、三行、小队、鼎足、四维六种。
2. 雁行阵	分一字、双叠、三叠、小队、鼎足、四维六种。
3. 虾须阵	张翼向前，督船在后，如包抄敌船，即麋角阵。
4. 燕剪阵	督船先行，分左右次第斜排前进，即人字阵，或称凸梯阵。
5. 鹰扬阵	分左翼、右翼两种；合之则称双翼阵，即后翼梯阵。
6. 蛇蜕阵	间队前行，更番迭进。
7. 丛队阵	众船群攻一船。
8. 犄角阵	每队三船，互成犄角之势；或用两船，成犄角小队阵。
9. 互易阵	左攻其前，右攻其后。
10. 波纹阵	一前一后，弥缝互承，即鳞次阵，或作夹缝阵。

　　这十种阵式中，鱼贯阵和雁行阵是最基本的阵式，变化最多。训练阵法，首先要学好这两种基本阵式。这两种阵式还可与其他阵式结合，形成新的阵式。同时，任何一种都不是固定阵法，而是可以互相变化的。每种阵法本身，都包含着集中和分散两种因素。可化集中为分散，也可变分散为集中。因此，在变化阵式时，必须处理好集中与分散的关系，才能做到"种种变化，神妙不穷。"[1] 军队的全部组织和作战方式，取决于物质的条件。上述阵法，与当时的军舰发展水平基本上是相适应的。后来在黄海海战中，北洋舰队一度屈居劣势，主要是没处理好集中与分散的关系，并不是阵法本身的问题。[2]

　　北洋舰队成军后，曾进行过两次检阅：第一次，是在一八九一年（光绪十七年）；第二次，是在一八九四年（光绪二十年）。检

---

① 余思诒：《航海琐记》上册。

② 参考本书第五章第六节。

阅是对舰队训练工作和作战能力的一次全面检查。所以，除了检查操演船阵以外，还要检查各舰和全军的实弹演习。检阅之后，根据这两项的成绩来定赏罚。

这就是北洋舰队的教育与训练的大体情况。

第三章　北洋舰队的基地与实力

第一节　北洋舰队的基地

建立一支舰队，必须有驻泊舰只的港口和修理舰只的船坞，所以基地是不可少的。

北洋舰队初建之前，北洋只有几艘炮舰，屯泊大沽口。一八八〇年（光绪六年）八月，为了迎接从英国订造的超勇、扬威两艘巡洋舰到华，清政府调登州、荣成水师艇船及弁兵到大沽操演，以便舰到时配用。一八八一年（光绪七年）九月，清政府在大沽海口选购民地，建造船坞，并设水雷营和水雷学堂。这样，大沽口便成为北洋舰只的临时基地。

但是，大沽口的地理形势，不适合大舰队的长期驻泊。所以，清政府又想以旅顺口为海军重地。一八八〇年（光绪六年）冬天，先在旅顺筑黄金山炮台，为旅顺设防的开端。一八八一年（光绪七年）十月，超勇、扬威两舰从英国驶抵大沽，李鸿章亲往验收，并乘往旅顺察看口岸形势。为什么要选择旅顺口作为北洋舰队的基地呢？当时西方国家选择海军基地的条件有六："水深不冷，往来无阻，一也；山列屏障，可避飓飓，二也；路连腹地，易运糗粮，三也；近山多石，可修船坞，四也；滨临大洋，便于操练，五也；地出海中，以扼要隘，六也。"而旅顺口恰好"兼此六要"。① 同

---

① 张荫桓：《三洲日记》第五卷，一〇页。

年，清政府在旅顺设了水雷营、鱼雷营和屯煤所，并置备了挖泥船，以浚深海港。于是，旅顺的海防和建港工程便全面开始了。

旅顺海岸炮台的修建，花了七年的时间，到一八八六年（光绪十二年）基本完成，共分两个炮台群：一是口西海岸炮台①；二是口东海岸炮台。② 西炮台包括：威远炮台，有十五公分口径炮二门；黄金山炮台，有二十四公分口径重炮一门、轻炮二门，十二公分口径炮四门，格林炮四门；黄金山下炮台，有十五公分口径炮四门；蛮子营炮台，有十五公分口径炮四门；馒头山炮台，有二十四公分口径重炮一门、轻炮二门，十二公分口径炮二门；城头山炮台，有十二公分口径炮二门，八公分口径炮四门；老虎尾炮台，有二十一公分口径炮二门。东炮台包括：摸珠礁炮台，有二十公分口径炮二门，十五公分口径炮二门，八公分口径炮四门；老砺嘴炮台，有二十四公分口径炮四门；老砺嘴后炮台，有十二公分口径炮二门。总计东西炮台共有炮台九座，大炮四十八门。此后，又增修炮台四座，添置大炮二十三门。从一八八九年（光绪十五年）开始，又环绕旅顺背后，陆续修筑陆路炮台十七座，有各种大炮七十八门。于修炮台的同时，清政府调总兵张光前统亲庆军三营驻守西炮台，总兵黄仕林统亲庆军三营驻守东炮台，四川提督宋庆统毅军九营一哨专防旅顺后路。以上三军，均辖于北洋大臣。

一八八八年（光绪十四年）五月，清政府为巩固旅顺后路，并兼防金州，又决定在大连湾修建炮台。到一八九三年（光绪十九年），共花六年的时间，建成海岸炮台五座：黄山炮台，有二十一公分口径炮二门，十五公分口径炮二门；老龙头炮台，有二十四公分口径炮四门；和尚山西、中、东三炮台，共有二十一公分口径炮二门，十五公分口径炮二门。陆路炮台则为徐家山炮台，有十五公分口径炮四门。总计炮台六座，大炮二十四门。这六座炮台，

---

① 俗称"西炮台"。
② 俗称"东炮台"。

"坚而且精，甲于北洋"。特别是其中老龙头、和尚山东炮台和徐家山旱炮台。"此三台之精坚，尤胜于各台"。① 大连湾的驻守部队，为提督刘盛休所统的铭军八营，亦辖于北洋大臣。另设北洋前敌营务处，以道员充任，代理北洋大臣处理日常事务，有"隐帅"之称。担任此职的先有刘含芳，继任者为龚照玙。这样，旅、大二地，互为犄角，防务极为严密。但正如左宗棠所说："战事还凭人力，亦不专在枪炮也。"② 后来旅、大之失，不是防务不坚，完全是守将的贪生怕死和畏缩不前，而将炮台拱手让敌。

至于旅顺的船坞，因工程浩大，一直进展迟缓。一八八五年（光绪十一年）十一月，清政府从德国订造的定远、镇远、济远三舰到华，李鸿章亲往验收，并乘赴旅顺视察建港情况。这时，正值中法战争之后，清政府决意"大治水师"。李鸿章也认为："为保守畿疆计，尤宜先从旅顺下手。"③ 所以，虽然"浚澳筑坞，工费过巨"，"先其所急，不得不竭力经营。"④ 特别是定远、镇远两艘铁甲舰到华后，旅顺船坞的修建更是刻不容缓。李鸿章说："铁舰收泊之区，必须有大石坞预备修理，西报所讥有鸟无笼，即是有船无坞之说，故修坞为至急至要之事。"⑤ 一八八六年（光绪十二年）五月，清政府派奕譞、李鸿章、善庆检阅海陆军，并巡视海防工程。不久，为加快旅顺船坞的施工进度，即决定将工程包给法商德威尼承办。到一八九〇年（光绪十六年）十月，旅顺船坞始全部竣工。这是一个大工程，当时被称为"海军根本"⑥，"其规模宏敞，实为中国坞澳之冠"。⑦

北洋舰队的基地除旅顺外，还有威海。威海的设防虽晚于旅

① 薛福成：《出使英法义比四国日记》第六卷，五页。
② 《左文襄公全集》，书牍，第二四卷，五二页。
③ 《洋务运动》第三册，三二三页。
④ 《洋务运动》第二册，五六七页。
⑤ 《洋务运动》第三册，三二二页。
⑥ 《中日战争》第一册，三五页。
⑦ 薛福成：《出使英法义比四国日记》第四卷，一页。

顺，但地位却越来越重要。本来早在一八七五年（光绪元年），山东巡抚丁宝桢《筹办海防摺》即有以威海为海军基地之议，他说："威海地势……紧束，三面皆系高山，唯一面临海，而外有刘公岛为之屏蔽，刘公岛北、东两面为二口门岛。东口虽宽，水势尚浅，可以置一浮铁炮台于刘公岛之东，而于内面建一砂土炮台，海外密布水雷，闭此一门，但留岛北口门为我船出入。其北口门亦有山环合，可以建立炮台，计有三砂土炮台于内，有二浮铁炮台于外，则威海一口可以为轮船水寨。轮船出与敌战，胜则可追，败则可退而自固，此威海之防也。"① 当时，不少人也有此议，如说："北洋形胜，威海卫岛屿环拱，天然一水寨也。"② 甚至认为："旅顺口形势不及威海卫之扼要，将来北洋似应以威海为战舰屯泊之区，而以旅顺为修船之所，较为合宜。"③ 但是，当时限于财力，清政府决定威海的海防工程"俟北洋饷力既裕乃办。"④

一八八一年（光绪七年），威海开始为北洋舰队停泊之地。⑤是年，北洋水师开来威海。初来时，只十二条船：快船超勇、扬威，蚊子船镇东、镇西、镇南、镇北、镇中、镇边，练船操江，镇海、康济、威远。但当时只在威海刘公岛设有机器厂和屯煤所，北洋的舰只也是临时屯泊，故还称不上基地。同年，清政府决定在威海设鱼雷局，但迄未兴办。一八八三年（光绪九年），始由候补道刘含芳主持，在威海金线顶建了鱼雷营。一八八五年（光绪十一年），山东巡抚张曜专程来威海考察，并接见当地士绅学者名流，询问提督署衙建立何处为宜。⑥ 但李鸿章专力于旅顺船坞工程，仍认为："察度北洋形势，就现在财力布置，自以在旅顺建坞为

---

① 《丁文诚公奏稿》第十二卷，一二页。
② 张荫桓：《三洲日记》第七卷，七一页。
③ 薛福成：《出使英法义比四国日记》第六卷，五页。
④ 张荫桓：《三洲日记》第七卷，七一页。
⑤ 据《练勇营练勇苗国清口述》（一九五七年）。
⑥ 戚廷阶：《威海始末》。

宜。"① 直到一八八七年（光绪十三年），李鸿章始奏派绥、巩军各四营到威海，以道员戴宗骞为统领。戴宗骞自带绥军四营驻威海城郊和北岸：正营在北竹岛村；副营在南竹岛村；左营在北门外；后营在天后宫后。分统总兵刘超佩带巩军四营驻威海南岸：中营在沟北村；前营在城子村；右营在百尺崖所城外；炮队营在海埠村东夼。一八八八年（光绪十四年），又调派护军两营驻刘公岛，以总兵张文宣为统领。这时，威海的海防工程才全面地展开了。

根据德人汉纳根的设计，威海基地的第一期工程以修建海岸炮台为主，共计八座炮台：威海北岸的北山嘴、祭祀台筑炮台两座；南岸的鹿角嘴、龙庙嘴筑炮台两座；刘公岛岛北筑炮台一座，岛南筑地阱炮两座；威海南口的日岛筑铁甲炮台一座。"庶水路（按：此'路'字疑为'陆'之误）相依以成巩固之势"。② 在拟建各海防炮台的同时，还计划在刘公岛上修建海军公所③、铁码头、子药库、船坞等。当时为了解决刘公岛上饮水的困难，除打水井外，还设计在海军公所二进院内和几处炮台修筑"旱井"。后来，在施工时，感到威海海上防御力量还有些薄弱，又在威海南北两岸各添筑海岸炮台一座，刘公岛添筑炮台四座。到一八九〇年（光绪十六年），威海各海岸炮台陆续建成。这样，威海海岸炮台就有十三座了。其中，威海南岸炮台三座：皂埠嘴炮台，有二十八公分口径炮两门，二十四公分口径炮三门；鹿角嘴炮台，有二十四公分口径炮四门；龙庙嘴炮台，有二十一公分口径炮两门，十五公分口径炮两门。威海北岸炮台三座：北山嘴炮台，有二十四公分口径炮六门，九公分口径炮两门；黄泥沟炮台，有二十一公分口径炮两门；祭祀台炮台，有二十四公分口径炮两门，二十一公分口径炮两门，十五公分口径炮两门。刘公岛炮台六座：东泓炮台，有二十四公分口径

---

① 《洋务运动》第三册，三二二页。
② 《洋务运动》第三册，五八页。按：原拟在刘公岛建地阱炮台两座，结果只建成一座。
③ 即北洋海军提督衙门。

炮两门，十二公分口径炮两门；东峰炮台，有二十四公分口径炮一门；南嘴炮台，有二十四公分口径炮两门；旗顶山炮台，有二十四公分口径炮四门；麻井子炮台，有二十四公分口径地阱炮两门；黄岛炮台，有二十四公分口径炮四门。日岛炮台，有二十公分口径地阱炮两门，十二公分口径炮两门，六公分半口径炮四门。合计起来，共有海岸大炮五十四门。

后来，为了预防敌人从陆路进攻基地，又计划在威海修筑陆路炮台四座。其中，威海南岸陆路炮台两座；所城北炮台，有十五公分口径炮两门，十二公分口径炮一门；杨枫岭炮台，有十五公分口径炮两门，十二公分口径炮两门。北岸陆路炮台两座：合庆滩炮台，有十五公分口径炮两门；老母顶炮台，有十五公分口径炮两门，十二公分口径炮两门。这一工程从一八九一年（光绪十七年）开始兴工，由于进度缓慢，到甲午战争爆发时，才建成三座炮台，老母顶炮台始终没建起来。这样，威海防御后路的大炮总共只有九门。

一八九一年八月，李鸿章以威海南口过于宽阔，"日岛矗立中央，复分两口，各宽五里，是该处①共有三口，一片汪洋，毫无阻拦"，"非相地扼要酌设雷营，不足以资捍御"，奏请在威海南北两岸各设水雷营一处，各营弁兵匠人等一百三十六人。并在南岸水雷营附设水雷学堂，招收鱼雷学生四五十人。这些措施，都是为了加强威海的海上防务。

威海宏大的海防工程，曾引起当时许多人的称赞，认为威海从此可成为名副其实的"东海屏藩"。有人写诗赞道："意匠经营世无敌，人工巧极堪夺天。有此已足固吾圉，况是众志如城坚！"②李鸿章也认为"工程并极精坚，布置更臻完密"。各炮台"相为犄

---

① 按：指威海港。
② 于本桢：《观威海炮台》。

角，锁钥极谨严。"① 实际上，他们都是只看到台坚炮利海防巩固的一面，而没有看到后路空虚而无保障的一面。② 这样，后来便给日本侵略军以从威海后路"蹈瑕而入"③ 之机。但不管怎样，后来的事实证明，威海的炮台设施对防御敌人从海上进攻，还是起了作用的。

从此，威海卫为北洋舰队永久驻泊之区，旅顺口为北洋舰队修治船只之所，各建有提督衙门，都成为北洋舰队的基地。

第二节　北洋舰队的实力和装备

对北洋舰队的实力和装备情况，也需要做一些了解。历来人们认为，北洋舰队和日本舰队在实力和装备水平上是不相上下的。其实，这是一种似是而非的见解。

当一八八八年（光绪十四年）北洋舰队成军的时候，北洋舰队的实力是超过日本舰队的。那时，日本海军两千吨级以上的战舰只有浪速、高千穗，扶桑，金刚，比睿五艘，共一万四千七百八十三吨，而北洋舰队则拥有两千吨以上的战舰定远、镇远，致远、靖远、经远、来远、济远七艘，共二万七千四百七十吨，后者是前者的两倍。但是，到甲午战争爆发前，日本新添了两千到四千吨级战舰松岛，严岛、桥立、吉野，秋津洲，千代田六艘，总吨位增加到三万七千二百二十二吨，反倒超过了北洋舰队。因此，到甲午战争前夕，日本舰队的实力早已超过北洋舰队了。

为什么会有这样的变化呢？因为：一方面，北洋舰队成军后，日本政府即以超过北洋舰队为目标，大大加快了发展海军的速度；另一方面，清政府却从此不再添置一艘新舰。当初清政府大力筹建

① 《洋务运动》第三册，一四五页。

② 参考拙作《中日甲午威海之战》，六〇—六一页。

③ 戴绪贤等：《哀启》。

北洋舰队，主要是为了抵御日本的侵略，而如今却坐视日本海军力量的日益加强，是否由于没有经费呢？完全不是这样。主要问题是慈禧等人不顾国家面临帝国主义的侵略威胁，而把用于国防的海军经费挪去修建颐和园了。这笔钱究竟有多少，历来没有确切的数字，这里只能作一个大体的估计（见下表）。这只是一个不完全的统计。再加上息银及其他有意隐瞒的款项，当时从海军经费中挪用于颐和园工程的款项起码在两千万两以上。这笔款，如果用来买定远这样的铁甲舰，可以买十一艘；如果用来买致远这样的巡洋舰，则可以买二十四艘。要是真这样做了的话，中日海军力量的对比岂不是就全然不同了吗？

名　目	每年用款（万两）	1888—1894 年用款小计（万两）
从海军经费中挪拨款	30	210
光绪十七年从海军经费中借拨款		100
各省督抚认筹海军需要款		260
岁修从海军经费中划拨款	15	105
由新海防捐暂行挪垫款	175	1,225
合计		1,900

　　问题还不仅仅在这里。需要指出的另一点是，清政府在买舰问题上存在着很大的盲目性，而不像日本政府那样充分发挥内行人员的作用，精于筹算，把钱花在刀刃上。据统计，从一八七八年到一八九三年的十五年间，日本共从英、法两国购舰十艘，全部是战舰，其中四千吨级的三艘，三千吨级的两艘，两千吨级的四艘，一千吨级的一艘。在这十艘战舰中，有九艘是日本舰队的主力，其中八艘参加了黄海海战。而清政府则相反，一来买舰没有明确的计划，多而滥；二来买舰由外行的官员主持，轻信洋商代理人的宣传，上当受骗。结果买来的舰只大都不能用于实战，虚掷了大量金

钱。清政府的买舰活动，可分为三个时期，其情况如下表①：

分期	公元	中国纪年	舰 名	单价（万两）	合价（万两）
第一期	1863 年	同治二年	金台、一统、广万、得胜、百粤、三卫、镇吴		90②
	1867 年	同治六年	安澜、镇涛、澄清、绥靖、飞龙、镇海	4.0	24
	1868 年	同治七年	澄波	4.0	4
	1875 年	光绪元年	龙骧、虎威、飞霆，策电	15.0	60
	1876 年	光绪二年	福胜、建胜	12.0	24
	1879 年	光绪五年	镇东、镇西、镇南、镇北、镇中、镇边	15.0	90
第二期	1881 年	光绪七年	超勇、扬威	32.5	65
第三期	1885 年	光绪十一年	定远、镇远	182.4	365
	1885 年	光绪十一年	济远	68.6	69
	1888 年	光绪十四年	致远、靖远	85.0	170
	1888 年	光绪十四年	经远、来远	87.0	174

第一期所买的舰不下二十艘，都是几百吨的小型炮舰，共花银三百五十七万两。但是，这些炮舰的质量是非常差的。飞龙在海上"被风击沉"，镇海使用不几年就"不堪驾驶"。③ 即使被赫德吹得神乎其神的龙骧等四舰和镇东等六舰，问题也是很多的。当时，李鸿章完全相信赫德，也认为这些炮舰"可为攻守利器"。④ 对此，

---

① 表中所引的时间，是舰只造成后开回中国的时间，不是开始订造的时间，也不是下水的时间。

② 这七艘舰到华后，又退回变卖。九十万两是中国亏损的银子。购买舰只和炮位的价格为一百零七万两。又，表中合价的数字，皆采用四舍五入法。

③ 《洋务运动》第二册，四〇一页。

④ 《洋务运动》第二册，五一七页。

左宗棠则持不同的看法，他指出："蚊子船（即指炮舰）炮大船小，头重脚轻，万难出洋对敌，只可作水炮台之用。"① 左宗棠的话不是毫无根据的。有人曾论及镇东等炮舰的缺点说："是船之制，凡有四弊：船身甚小，而船首之炮重三十五吨②，其炮尚是旧制，从口进纳弹药，弹出其远仅十二里。③ 施放之时，船小炮重，船身必至摇簸。设使敌船之炮从而乘之，再一着弹，恐至沉溺于洪涛巨浸中。此一弊也。船首之炮虽以机器转旋，而但能进退高下，不能左右咸宜，船身欹侧，测量施放必至未有定准。④ 此二弊也。船身四周所包铁皮仅厚数分，不能当敌人之巨炮。且无事之时，船身必日事刮磨……日久锈生，损坏必速，反不如木质之可久。此三弊也。是船名为'蚊子'，谓我往攻人而不能受人之攻，故其行贵速，一点钟必行四十五里，庶几易避敌船之轰击。今是船于一点钟仅行三十里⑤，过于迟钝，易为敌船所追袭。此四弊也。"⑥ 由此可知，花费巨款买这些炮舰，是毫无意义的。何况这样的炮舰当时中国已能制造，无必要到外国去买。有人即指责李鸿章说："福建船政办理多年，縻费不少，何以竟不可用，仍须购自外洋？"⑦ 这话是有一定道理的。再看一下日本，很早就注意买舰的质量。一八七八年（光绪四年），即镇东等六舰来华的头一年，日本政府从英国买回的三艘战舰都是两千多吨的，"其中扶桑一舰，号称铁甲；比

----

① 《洋务运动》第二册，五二三页。

② 镇东等六舰的舰首大炮有两种旧式前膛炮：一种重三十五吨，口径十一英寸，弹重五百三十六磅，装药量一百三十五磅；一种重三十八吨，弹重八百一十八磅，装药量一百六十磅。此处单指前一种而言。

③ 此为华里，合六公里，指最大射程，英厂所制作的《三八吨炮射程表》只计算到四千七百九十码（约合四千公尺）。故其有效射程不会超过四公里。即使用来防守海口，如此短的射程，也无多大实用价值。

④ 当时驾驶镇东等舰来华的英人琅威理也说："船小炮大，炮口前向，不能环顾，左右则不甚灵，必须船头转运便捷方可中的，则是舵工当与炮手相应，如臂指之相使，较他种兵船更难精熟也。"（《洋务运动》第三册，三六七页。）

⑤ 合八海里。

⑥ 王韬：《弢园尺牍》第一一卷，一二页。

⑦ 《洋务运动》第三册，三三四页。

睿、金刚两舰，号半铁甲。"① 而清政府却见不及此。假使清政府能将买炮舰的三百五十七万两银子用来买定远这样的铁甲舰，可买两艘；而用来买致远那样的巡洋舰，则可买四艘。可见，清政府在这个时期的买舰活动，既虚掷了金钱，又未收到应有的效果，盲目性是很大的。

清政府第二期买舰，开始注意到提高军舰质量和节省经费问题。这次从英国买来的超勇、扬威二舰，都是巡洋舰。而且清政府还派了督操提督丁汝昌、管带官林泰曾和副管带邓世昌到英国去把舰驾驶回来②，既省了保险费，又节约了大量佣金。但是，这两艘舰也并不像赫德所吹的那样"船坚炮利，实为西洋新式利器"。③超勇、扬威二舰与日本扶桑、金刚、比睿三舰相比，舰首炮的威力较大一些，平均时速也快二海里，但其防御力量弱，日舰扶桑铁甲厚九英寸，金刚、比睿两舰铁甲各厚四英寸半，而超勇、扬威两舰的舰身却系木质外包二英寸铁皮，怎么能称得上"船坚"呢？但总的来看，清政府第二期买船较第一期注重了军舰质量和节省经费。

清政府第三期买了定远、镇远两艘铁甲舰和致远、靖远、经远、来远、济远五艘巡洋舰。在这七艘战舰中，对济远舰的非难较多。但对这些非难，我们要作具体分析。因为济远舰是德国造的，而这些非难多来自英国制造商。薛福成说："英、德两国之厂，势不相下。中国济远快船，德厂所造也，而英厂颇訾议之，固多过当之论。""夫外洋匠师务求相胜，亦犹自古文人之相轻，虽有佳文，欲指其瑕，不患无辞。制造之学，求一利或生一弊，乃理势之自然。济远舰上重下轻之病，诚不能免。厥后闻有补救之议，似已稍改其式矣。"④ 后来事实证明，济远舰的制造虽然还

① 《洋务运动》第二册，五二七页。
② 舰上只雇佣了少数洋员。
③ 《洋务运动》第二册，四六八页。
④ 薛福成：《出使英法义比四国日记》第三卷，二一页。

"未尽善"①，但质量并不像一些人所说的那样差。这时期所买的七艘战舰构成了北洋舰队的主力，并远远地超过了日本当时海军的实力。所以能做到这一点，就是因为买舰的盲目性减少了。这时期在外国订造舰只的一个特点，就是派出专门的造船技术人员和海军人员到国外监造，因而在一定程度上保证了造船的质量。问题是清政府从此停购船只，致使日本海军力量反而后来居上了。

再从装备情况看，北洋舰队也是落后于日本舰队的。据计算，北洋舰队主要战舰的平均功率要比日本舰队少一千八百八十五马力，平均时速要少一海里，平均舰龄则要大两年。特别是北洋舰队的武器装备，更是落后于日本舰队。试看下表。

舰队	舰名	重炮						轻炮			速射炮			机关炮
		32公分	30.5公分	26公分	24公分	21公分	20公分	18公分	15公分	12公分	6磅	3磅	12公分	
北洋舰队	定远		4						2					12
	镇远		4						2					12
	致远					3			2					17
	靖远					3			2					17
	济远						3		1					10
	经远						2		2					8
	来远						2		2					8
	平远			1					2					8
	超勇			2						4				10
	扬威			2						4				10
			8	5		6	7		15	8				112
	（小计）					26			23				0	112
	（合计）													161

---

① 《洋务运动》第三册，三九九页。

续表

舰队	舰名	重炮						轻炮			速射炮			机关炮
		32公分	30.5公分	26公分	24公分	21公分	20公分	18公分	15公分	12公分	6磅	3磅	12公分	
日本舰队	松岛	1										11	11	6
	严岛	1										11	11	6
	桥立	1										11	11	15
	吉野			2					4			22	4	
	浪速			4					6		11			
	高千穗			4					6		10			
	秋津洲								4			11	6	10
	千代田											14	11	13
	扶桑				4				10					
	比睿							11	6					
	（小计）	3		10	4			11	36		21	80	54	58
		17						47			155			58
	（合计）													277

　　由上表可知，北洋舰队在重炮和机关炮两项上占优势，日本舰队则在轻炮和速射炮两项上占优势。而机关炮是一种小口径炮，只有杀伤力，而没有穿透力，对敌舰作用不大。所以北洋舰队主要靠重炮。但是，北洋舰队只比日本舰队多九门重炮，这点优势还是很有限的。更重要的是，北洋舰队使用的全是旧式后膛炮，炮弹仅是一个弹头而无弹壳，施放时先将弹头填进炮膛，根据射程的远近加一定数量的火药包，然后引火发射。而日本舰队则以速射炮为主，使用的是带弹壳的新式炮弹，其发射速度是北洋舰队的四倍至六倍。对比之下，北洋舰队在武器装备方面处于明显的劣势。

　　总之，北洋舰队在当时是一支具有相当规模的舰队，但与日本舰队相比，无论在实力上还是在装备上，都还是有一定差距的。对此，必须有一个实事求是的估计。

第四章 丰岛海战

第一节 日本的扩军备战及其海军力量

一八九四年（光绪二十年）爆发的中日甲午战争，是日本发动的并吞朝鲜和侵略中国的战争。早在明治维新以前，日本封建军阀就多次发出要侵略中国和朝鲜的战争叫嚣。明治天皇即位伊始，便制定了分期"蚕食"的大陆政策。日本政府为了发动侵略战争，大办军火工业，积极建立近代化的陆海军。据一八九三年（光绪十九年）统计，日本陆军的兵力平时为六万三千余人，战时可达到二十三万人。日本的海军也迅速地发展起来。到一八九四年七月丰岛海战前夕，日本海军已拥有军舰三十二艘，六万零七百七十一吨（见下表）。还有鱼雷艇二十四艘，排水量为一千四百七十五吨。除此以外，为了适应对外侵略扩张的需要，日本政府还将西京丸、山城丸、相横丸、近江丸等商船加以武装，改为军舰，共九千七百九十九吨。因此，到丰岛海战前，日本海军共拥有舰艇七万二千多吨。

舰名	舰种	排水量（吨）	航速（节）	马力	乘员	炮数（门）	制地	竣工时间
筑波	炮	1978	8.0	526	277	8	印度	1851
凤翔	炮	321	7.5	217	96	7	英	1871
天城	炮	926	11.0	516	159	7	日	1878

舰名	舰种	排水量（吨）	航速（节）	马力	乘员	炮数（门）	制地	竣工时间
金刚	铁甲	2284	13.5	2535	321	9	英	1878
比睿	铁甲	2284	13.5	2535	300	9	英	1878
盘城	炮	667	10.0	659	112	4	日	1878
扶桑	铁甲	3777	13.0	3932	377	15	英	1878
馆山	练	543	—	—	—	2	日	1880
筑紫	巡洋	1372	16.0	2433	177	12	英	1883
海门	巡洋	1367	12.0	1267	211	9	日	1884
天龙	巡洋	1547	12.0	1267	214	9	日	1885
浪速	巡洋	3709	18.0	7604	357	20	英	1886
高千穗	巡洋	3709	18.0	7604	357	20	英	1886
大和	巡洋	1502	13.0	1622	231	15	日	1887
葛城	巡洋	1502	13.0	1622	231	9	日	1887
武藏	巡洋	1502	13.0	1622	231	9	日	1888
干珠	练	877	—	—	—	6	日	1888
满珠	练	877	—	—	—	6	日	1888
摩耶	炮	622	10.3	963	104	6	日	1888
鸟海	炮	622	10.3	963	104	4	日	1888
爱岩	炮	622	10.3	963	104	6	日	1889
高雄	巡洋	1778	15.0	2429	222	5	日	1889
赤城	炮	622	10.3	963	126	4	日	1890
八重山	通信	1609	20.0	5400	217	9	日	1890
严岛	铁甲	4278	16.0	5400	360	34	法	1891
千代田	巡洋	2459	19.0	5678	306	27	英	1891
松岛	铁甲	4278	16.0	5400	401	30	法	1892
大岛	炮	640	19.0	1217	130	12	日	1892
吉野	巡洋	4225	22.5	15968	204	34	英	1893

舰名	舰种	排水量 （吨）	航速 （节）	马力	乘员	炮数 （门）	制地	竣工 时间
桥立	铁甲	4278	16.0	5400	360	24	日	1894
秋津洲	巡洋	3150	19.0	8516	311	32	日	1894
龙田	炮	864	21.0	5069	—	6	英	1894

日本政府在大力扩充海军的同时，为适应发动侵略战争的需要，还着手整顿舰队编制，以统一指挥和提高战斗力。原来，日本将其全国海岸划为五个海军区，分属于三个镇守府，即：横须贺镇守府，辖第一、第五海军区；吴港镇守府，辖第二海军区；佐世保镇守府，辖第三、第四海军区。一八九四年（光绪二十年）七月十日，日本政府为了统一海军的指挥权，取消按区域划分舰队的办法，将全国海军分为常备和警备两个舰队。七月十九日，又把警备舰队改为西海舰队，并将常备、西海两舰队组成联合舰队，以海军中将伊东祐亨为联合舰队司令官，海军少将坪井航三为先锋队司令官，海军大佐鲛岛员规为参谋长。

日本政府发动侵略战争的准备就绪，便开始寻找发动侵略战争的借口了。一八九四年春，朝鲜爆发了大规模的东学党农民起义。起义军提出了"逐灭洋倭"，"尽灭权贵"等口号，反映了这次起义的反帝反封建性质。日本政府早就蓄谋发动侵略中国和朝鲜的战争，当然不会错过这个时机，于是便费尽心机地制造侵略口实。日本政府先是鼓动清政府出兵朝鲜，以"必无他意"[①] 的虚伪保证来诱使李鸿章上钩。李鸿章不知是计，决定派兵五营共二千五百人分批进入朝鲜，并按《天津条约》的规定通知了日本。其实，早在清政府决定出兵之前，日本内阁就已做出了出兵朝鲜的决定。在不到一个月的时间内，日本派赴朝鲜的侵略军已达一万人左右，兵力

---

① 《中日战争》第二册，五四六页。

远远超过中国驻军了。

日本企图发动侵略战争的阴谋已经昭然若揭，而李鸿章却不积极采取有效的抵抗措施，仍然梦想依靠第三国迫使日本从朝鲜撤军。当时，日本政府是得到西方帝国主义的支持的，而且在军事上又处于优势的地位，于是便决意挑起这场侵略战争了。

第二节　不宣而战

一　尾炮奏捷

一八九四年（光绪二十年）七月二十五日，日本联合舰队在朝鲜牙山口外的丰岛附近不宣而战，对北洋舰队发动了海盗式的袭击。

原来，李鸿章看到朝鲜形势日趋紧张，便决定运兵三营赴朝鲜，对日佯示强硬态度，但又害怕日本海军截击，故一直迟疑不决。他以为租用外国轮船挂上外国旗，日本断然不敢攻击，可以万无一失。于是，他先于七月二十一日雇了爱仁、飞鲸两艘英国小商船，分载仁字军一营，由北洋舰队的济远、广乙、威远三舰护航。七月二十三日，又雇了一艘英国商船高升号，载北塘兵两营，由大沽口起碇。另有北洋舰队的运输舰操江号装载炮械，与之半路相遇，遂同行。不料第一批运兵船刚刚出发，日本间谍机关就得到情报了。

中国军队增援朝鲜本属军事机密，日本又是怎样获知的呢？原来，窃取运兵计划的日本特务石川五一，就隐蔽在李鸿章的外甥天津军械局总办张士珩的衙门里。石川五一又名义仓告，来中国多年，化装为中国人，一向住在外国租界，以洋行职员的身份作掩护，进行特务活动。他买通了张士珩的书吏刘芬，搞到了中国的运兵计划，便报告了驻天津的日本海军武官井上敏夫。七月二十二日，日本大本营接获情报后，当即命令日本联合舰队司令官伊东祐亨，于第二天率松岛、千代田、高千穗、桥立、严岛（以上本

队)、吉野、秋津洲、浪速（以上第一游击队）、葛城、天龙、高
雄、大和（以上第二游击队）、比睿（鱼雷艇队母舰）、爱岩、摩
耶（护卫舰）十五艘军舰从佐世保港向朝鲜海岸进发，企图中途
偷袭中国军舰和运兵船。日本海军浪速号舰长东乡平八郎在七月二
十二日的日记中写道："午前十一点，旗舰发出请舰长来舰的命
令，立刻赴召。划分了第一和第二游击总队，并有所指示。午后二
点，第一游击队司令官发出集合令，商讨关于游击顺序等问题。午
后五点，军令部长来港，传达了参谋总长殿下令旨。接到明天午前
十一点离开佐世保港的命令"。① 东乡平八郎的这则日记，便含蓄
地透露出日本侵略者企图偷袭北洋舰队的预谋。

事实上，北洋舰队也截获了"倭船将要来截"②的情报。丁汝
昌一面打电报给李鸿章请求亲率海军大队前往接应，一面命令各舰
"升火起锚，戒严将发"。③ 但是，李鸿章还是相信"万国公例"，
认为运兵船上挂的是英国旗，日本海军一定不敢袭击，坚决制止海
军大队出海，致使中国军舰在敌舰的突然袭击下处于不利的境地。

七月二十二日，丁汝昌根据李鸿章的命令，将济远、广乙、威
远三舰组成小队，以副将济远管带方伯谦为队长，护送爱仁、飞鲸
两艘运兵船到牙山。方伯谦不敢公开违抗命令，但又害怕遭遇日
舰，置爱仁、飞鲸两艘运兵船于不顾，先自驶往朝鲜。这样，济远
等三舰虽然名义上是护航舰，实际上并未起到护航的作用。七月二
十三日，济远、广乙、威远三舰抵牙山。七月二十四日黎明前后，
爱仁和飞鲸才先后开到。接着，就由小火轮拖带驳船一面卸兵登
岸，一面驳运武器、弹药、军装、马匹、辎重等上岸。爱仁、飞鲸
两商轮抵达牙山后，方伯谦即派威远舰去仁川送发电报。中午，威
远舰从仁川驶回，报称：从仁川获悉，汉城的日军已于七月二十三

---

① 《中日战争》第六册，三一一三二页。

② 《中日战争》第一册，六四页。

③ 《中日战争》第一册，六四页。

日悍然发动军事政变，攻进朝鲜王宫，拘禁了朝鲜国王李熙，而仁川的电报线路已被截断，同外地无法进行联系。另外，威远舰还在仁川探到一个消息："倭大队兵船明日即来。"① 方伯谦得知情况紧急，为了避免被日舰堵在港里，连忙"饬船上员弁赶催水手帮助陆兵驳运马匹、米石上岸，并令威远先出牙山口外"。② 这种布置，反映了方伯谦已经方寸无主，惊慌失措。威远号是一艘一千三百吨的旧练舰，舰龄已在十七年以上，是三舰中防御力最弱的，根本没有战斗力。方伯谦命令威远号停泊于牙山口外，如果日舰来攻，岂非送进虎口？直到夜里十一点钟，爱仁、飞鲸两船上的军械、辎重等已经驳运完毕，方伯谦才想起威远号处境危险，"以威远木船，不堪受炮，且行驶甚缓③，倘出口遇敌，徒失一船"。④ 于是改令威远北驶大同江，然后绕道回国。但是，方伯谦意存畏缩，未能当机立断，立即带领济远、广乙二舰连夜返航。他明知日舰大队明天要来，却仍要在牙山港停泊一夜，这在指挥上不能不铸成大错。

七月二十五日拂晓，济远、广乙二舰始从牙山起碇返航。而在前一天，日本吉野、浪速、秋津洲三舰已奉到伊东祐亨的命令，开往牙山口外的海面上往返巡逻，以截击中国增援部队，并伺机对中国护航舰发动海盗式的突然袭击。吉野、浪速、秋津洲三舰，按照其上司的部署，果然对中国护航舰实行了偷袭。

当时，济远、广乙二舰从牙山鱼贯出口后，于七点半钟驶抵丰岛西北，即望见日本吉野，浪速、秋津洲三舰横海而来。济远、广乙二舰的广大将士发现这一情况后，联系到昨天获到的消息，知道日舰来意不善，各人都自动地站到自己的岗位，准备迎接战斗。当双方军舰相距约三千公尺时，忽听日舰吉野发出一声号炮，于是三

---

① 《中日战争》第六册，八四页。
② 《中日战争》第六册，八四页。
③ 威远的最大速力为每小时十二海里，其平时的航行速度不过每小时十海里。
④ 《中日战争》第六册，八四页。

艘日舰炮声并起，均向中国头船济远轰发。济远舰也开炮还击，奋力抵御，广乙舰在济远舰之后，也投入战斗。双方炮战约两个小时①，互有伤亡。丰岛海战就这样爆发了。

　　丰岛海战发生后，日本侵略者大造舆论，极尽颠倒黑白之能事，把自己对中国军舰发动海盗式的突然袭击的丑恶行径赖得一干二净，反倒咬一口，说北洋舰队进攻了日本军舰。日本外相陆奥宗光在致各国公使的照会中称："中国军舰在牙山附近轰击日军，在这一情况下，日本政府不得不撤销其在诸友邦影响下对中国提出的建议"。② 其实他是真戏假作，故意扭怩作态以掩饰其不宣而战的预谋。参加这次丰岛偷袭的日本浪速舰长东乡平八郎在七月二十五日的日记中，就明确无误地写道："午前七点二十分，在丰岛海上远远望见清国军舰济远号和广乙号，即时下战斗命令。七点五十五分开战，五分多钟后因被炮烟掩盖，只能间断地看见敌舰，加以炮击而已。广乙号在我舰的后面出现，即时开左舷大炮进行高速度射击，大概都打中"。③ 试看，日舰在开战前三十五分钟即已下达了战斗命令，这次海战究竟是由谁引起的，不是一清二楚了吗？

　　在这次海战中，济远舰广大将士是奋勇战斗的。济远是一艘二千三百吨的巡洋舰，舰龄已达十年，虽然在北洋舰队中还是比较新的④，但比日舰却要陈旧得多。从航速看，仅为每小时十五海里，也比日本三舰差得多。⑤ 再从吨位、火力、装甲等方面看，济远舰

---

　　① 姚锡光《东方兵事纪略》："〔双方〕互相轰击，历一时许。"按：一个时辰为两个小时。实为一小时二十分钟。方伯谦回到威海后，上报"鏖战四点钟之久"（见《中日战争》第三册，二页），完全是夸大冒功之词，不可相信。

　　② 《中日战争》第七册，二七一页。

　　③ 《中日战争》第六册，三二页。

　　④ 北洋舰队中，只有致远、靖远、经远、来远舰龄为六年，余者舰龄均较济远长。日本三舰中，除浪速舰龄为八年外，吉野和秋津洲是舰龄为一年左右的新舰。

　　⑤ 日舰浪速，秋津洲的航速为每小时十八海里至十九海里，吉野的航速为每小时二十二点半海里。

更是远逊于日本三舰的。① 虽然如此，济远舰广大爱国官兵，在优势的敌人面前，决不屈服，猛烈搏斗。在敌舰的火力包围下，济远舰前后大炮和左右舷炮齐鸣，炮弹屡中敌舰。济远舰也中弹累累，多处受伤。在激烈的海战中，忽然日舰一炮命中济远舰的瞭望台，大副都司沈寿昌中炮牺牲。不久，日舰又一炮命中舰首前炮台，二副守备柯建章、学生守备黄承勋，号旗指挥刘鹍等多人同时中炮阵亡。激战约一小时半，济远舰共牺牲十三名官兵，伤者二十七人。②

广乙舰本属广东海军，前与广甲、广丙来北洋会操，因留威海。广乙是福州船政局制造的小型巡洋舰，排水量为一千吨，航速每小时十五海里。广乙的舰龄虽仅有四年，但舰上火力配备不强，而且没有护甲，防御力很弱。因此，广乙战至一小时后，便受伤多处。舰上官兵牺牲三十多人，并有四十多人受伤。这时，管带林国祥命令开放水雷，但由于平时机器管理不善，又缺少训练，放不出口。在战斗的关键时刻，林国祥经不住考验，命令降下龙旗，将舰驶往东北方向逃避。由于林国祥只想保全个人性命，竟将舰头驶撞朝鲜海岸浅滩，毁舰登岸。③

济远管带方伯谦也是一个贪生怕死之徒，他在炮战激烈的时候，竟躲进舰舱内铁甲最厚处，以躲避炮弹，根本放弃了指挥作战的职责。大副沈寿昌、二副柯建章等牺牲后，方伯谦不但没有激起满腔仇恨，奋勇杀敌，反而吓得胆战心惊，想方设法逃命。他连忙

---

① 吨位的大小、火力的强弱、速度的快慢，等等，都是相比较而言。郑昌淦《甲午中日战争》说：“济远号是铁甲快舰，吨位大，火力较强。”（该书第二二页）张玉春、马振文《简明中国近代史》说：“济远是一艘吨位大、速度快的铁甲主力舰。”（该书第一六四页）都是不符合事实的。

② 据方伯谦自称：“弁兵阵亡十三人，受伤二十七。”（《中日战争》第三册，二页）《冤海述闻，牙山战事记实》则称：“兵阵亡者十三人，伤者四十余人。”受伤数字有出入，方伯谦本人决不会缩小受伤的数字，故应以方伯谦所报为准。

③ 姚锡光《东方兵事纪略》：“〔广乙〕遂驶撞朝鲜海岸浅滩，凿锅炉，渡残卒登岸，遗火火药库自焚。”（《中日战争》第一册，六五页）林国祥自毁军舰，虽然可免资敌，但实是他贪生怕死的表现。

下令转舵向西北方向逃跑。日舰吉野和浪速从后面鱼贯追来。方伯谦则无耻地下令挂起白旗，以表示放弃抵抗。吉野在前，浪速在后，仍然尾追不舍。吉野乃是日本海军中最新式的战舰，时速达到二十二点五海里，因而与济远的距离越来越近。当相距大约三千公尺时，日舰突放舰首的大炮，炮弹越济远舰之上而过，未中。方伯谦见事不妙，一面加挂日本海军旗，以表示投降；一面则盘旋而奔，以躲避炮弹。就在此时，日舰浪速接到命令，靠近旗舰，停止追击。这样，只剩下日舰吉野仍然死死地咬住济远。两舰距离越缩越短，眼看就要追及。吉野料定方伯谦不敢抵抗，并认为济远的尾炮已伤不能用，便决意靠上济远，将它俘获而归。济远舰的广大水兵目睹管带方伯谦的无耻表演，早就憋了一肚子气，此时又见日舰吉野气焰嚣张，更加义愤满胸，决心不顾方伯谦的命令，拼将一死，反击敌寇。水手王国成挺身而出，奔向尾炮，水手李仕茂从旁协助，用十五公分尾炮对准吉野连发四炮：第一炮中其舵楼；第二炮中其船头；第三炮走线，未中；第四炮中其船身要害处。吉野舰顿时火起，船头低俯，不敢前进。

　　为什么济远不再继续进行炮击呢？姚锡光说："盖倭船之追我济远也，意我尾炮已伤，故鱼贯追逐，以是我尾炮挂线毋庸左右横度，故取准易而中炮多。惜是时济远不知转柁，以船头大炮击数出以收奇捷，或可纾高升之急。"① 由于方伯谦只知逃命要紧，失去这一击沉吉野的大好时机，而且直接造成了高升号上近两营陆军将士的葬身海底。高升号所装的两营北塘兵，是一支战斗力很强的部队，将士骁勇善战，如果他们增援牙山驻军的计划得以实现，聂士成的部队在成欢之战中便不至于那样孤军作战了。当然，在济远舰上，遇敌畏缩不前的将领并不只方伯谦一人。鱼雷大副穆晋书②也

_____

　　① 《中日战争》第一册，六五页。按：济远舰首的大炮均为二十公分口径，火力较尾炮强。

　　② 后来，穆晋书在刘公岛保卫战中，与其他鱼雷艇管带密谋逃跑，加速了北洋舰队的全军覆没。

是一个可耻的逃将，他在海战中惟恐丧命，先是躲进机舱里，当舵机被敌炮击穿后，他又逃到鱼雷舱中。当日舰吉野逼近时，本应一雷击中，但是他心慌意乱，"装气不足，放不出口"[①]，致使吉野又一次逃脱了被歼的命运。在丰岛海战中，日本侵略者发动突然袭击的阴谋之所以能够得逞，方伯谦、穆晋书等民族败类是难逃罪责的。

然而方伯谦逃归威海后，却捏报战绩，谎称大捷，"鏖战四点钟之久"[②]，"击毙倭海军总统"[③]，等等。提督丁汝昌虽记王国成、李仕茂首功[④]，并"告谕全军，以资鼓励"[⑤]，但对方伯谦的谎报战功却未识破，在未查对属实的情况下，以"风闻提督阵亡，吉野伤重，途次已没"[⑥] 等语上报。当时，清朝驻日公使汪凤藻即来电指出："日船在牙山受伤，未言提督亡、吉野沉。"[⑦] 李鸿章也明知此事"无确实证据"[⑧]，但仍为之转报。朝廷则据以"传旨嘉奖"[⑨]，造成了极其不良的影响，一时中外传为笑谈。

二　宁死不屈

丰岛海战是日本单方面的不宣而战，它是在双方没有宣战的情况下，日本海军根据他们政府的命令，对中国舰队进行的卑鄙的海盗式突然袭击。中日甲午战争的序幕从此揭开了。

在这次海战中，济远舰的爱国水兵，在遭到敌人突然袭击和敌

---

① 《中日战争》第六册，八七页。

② 《中日战每》第三册，二页。

③ 《中日战争》第一册，六五页。

④ 据调查，丰岛海战后，北洋舰队论功行赏，水手王国成、李仕茂记首功。而方伯谦则对二人嫉恨在心。王国成被迫离舰还乡，后以生活无着，流落关东。李仕茂被迫离舰后，则颠沛流离，不知所终。

⑤ 《中日战争》第四册，二六六页。

⑥ 《中日战争》第四册，二六七页。

⑦ 《中日战争》第四册，二六七页。

⑧ 《中日战争》第四册，二六七页。

⑨ 《中日战争》第三册，三〇页。

强我弱的不利条件下，敢于抵制方伯谦的无耻逃跑命令，人自为战，勇摧敌舰，确实是难能可贵的。此外，尤其值得大书特书的是，高升号上的两营陆军将士，面对强敌，宁死不屈，几乎是赤手空拳地同敌人猛烈搏战。他们和济远舰的爱国将士们一起，共同用鲜血谱写了一曲反对帝国主义的英雄战歌。

高升号是英国怡和公司的一艘一千三百五十三吨的商船，原于七月二十日由上海开抵大沽口的，是李鸿章专门租来运送军队增援牙山的。高升号装北塘兵两营，共一千一百人，还有行营炮十二门①及枪支、弹药等，于七月二十三日上午十时起碇开往牙山。高升号出大沽口后，途中遇到北洋舰队的运输舰操江号。操江号主要是载运兵器增援牙山驻军的，计装大炮二十门，步枪三千支和大量的弹药；还装有一部分银钱，是拟送仁川中国领事馆的。两船遂相伴而行。

七月二十五日上午九时左右，高升、操江二船驶至牙山附近海面上，看见一艘军舰从对面驶来，桅上挂着日本海军旗，其上还有一面白旗随风招展。当这艘军舰驶近时，它忽然将日本旗降落下来，旋又升上去。参将操江管带王永发认出了这是济远舰，他看着济远舰的奇特行动，知道必定是后面有日舰追来，急忙转舵，径直向西逃避。

当日本吉野、浪速、秋津洲三舰正在追击济远的时候，忽然发现西方有两艘船只，"初不识为何国之舰船，及接近视之，始知为我炮舰操江及悬英国旗之商船高升号"。② 这时，日舰又发现操江准备向西逃逸，乘坐在吉野上的先锋舰司令官海军少将坪井航三，立即命令秋津洲随后追击。操江本是一艘木质旧式炮舰，舰龄已有二十多年，航速只有每小时九海里，不及秋津洲速度之半，于是不久就被秋津洲追及。秋津洲命令操江投降。操江号虽然只有五门旧

---

① 一说十四门。

② 《中日战争》第六册，八〇页。

炮，火力较弱，不是秋津洲的敌手，但如果巧用智谋，出敌不意，也不是不可一战。可是，操江管带王永发是个胆小鬼，竟乖乖地挂起白旗，向敌投降，将满船军火连船一起双手奉送敌人。

至于高升号，当其发现济远舰之初，因见桅杆上悬挂日本海军旗，却误认为是日本军舰。据高升船上的乘客汉纳根回忆：他先在航行中看到一队日本军舰时，"心中有些不安，但到现在看见这只日本船驶过我们的船时，以旗来向我们行敬礼，我们对于他们和平的意旨感到安慰"。① 他完全把济远当作日舰了。高升号船长高惠悌后来回忆说："我们将近丰岛的时候，掠过一艘军舰，它悬挂日本海军旗，旗上再挂一面白旗——这只船后来证明为中国战舰济远号。"② 可见这位高升号船长当时也并未认出济远。一方面，由于高惠悌不知道日本海军已经对中国军舰发动了突然袭击；另一方面，则由于他"坚信该船为英国船，又挂英国旗，足以保护它免受一切敌对行为"③，因此，他仍按原航线徐徐前进，并且由日舰浪速号的右舷通过。

上午九点半钟，日舰浪速忽然直冲高升号而来。原来，浪速正在尾随吉野追击济远之际，接到其旗舰的命令："将商船（高升号）带赴总队"！④ 于是，浪速挂出信号："下锚停驶！"并放空炮两响，以示警告。高升号船长高惠悌不敢违抗，立刻遵行。浪速舰长东乡平八郎看清楚了船上挂的英国旗后，随即又开到远离高升号的地方。此时，"三只日本船⑤都向前移动，似乎要互相以信号取得联系，因为他们看见一只显系悬挂英国旗的中国运输舰后，不知怎么办才好。"⑥ 英国船长高惠悌见此情况，误解为日舰发现为英

---

① 《中日战争》第六册，一九一二〇页。
② 《中日战争》第六册，二二页。
③ 《中日战争》第六册，二二页。
④ 指日本旗舰所在。
⑤ 指日本吉野、浪速、秋津洲三舰。
⑥ 《中日战争》第六册，二〇页。

国船，已决定放弃敌对行动，立刻用信号询问："我是否可以前进？"忽然，浪速又掉转头来，驶到距离高升号大约四百公尺的海面上停下，将舰上所有的二十一门大炮都露出来，用右舷炮对准高升号船身，并挂出第二次信号："原地不动！不然，承担一切后果！"接着，浪速舰放下一只小艇，向高升号开来。等小艇靠上后，一个名叫人见善五郎的日本海军大尉登上高升号，要求检查商船的执照。英国船长出示执照，并提请人见善五郎注意高升号是英国船。人见善五郎毫不理睬，竟然提出："高升号要跟浪速舰走，同意吗？"高惠悌却回答说："如果命令跟着走，我没有别的办法，只有在抗议下服从。"① 实际上是对日本方面的武力威胁完全屈服。由于英国船长对日本海盗式的卑鄙行径的可耻屈服，更助长了日本侵略者的气焰，并给日本侵略者提供了有利机会，才使它的阴谋得以实现。②

当日本海军大尉和高惠悌进行交涉的时候，高升号上的清军官兵虽然不知其交涉的具体内容，但始终怀着高度的警惕，密切注视着他们的一切举动。人见善五郎离开高升号回到浪速舰不久，浪速舰又挂出第三次信号："立刻斩断绳缆，或者起锚，随我前进！"清军将士知道了信号的意思，从而弄清了日本海军大尉和英国舰长交涉的结果，并且还发现高惠悌下令准备随浪速舰行驶，无不愤怒。顿时，人声鼎沸，全船骚动。营官骆佩德、帮带高善继等立即向英国船长提出强烈抗议。因言语不通，临时让汉纳根担任翻译，把全体将士的坚强决心通知高惠悌："宁愿死，决不服从日本人的命令！"③ 高惠悌企图说服清军将士向敌人投降，于是清军将领同英国船长展开了一场激烈的辩论。

---

① 《中日战争》第六册，二二页。

② 汉纳根指出：如果英国船长不在威胁下屈从，而采取坚决的态度和适当的对策，高升号摆脱浪速，避往朝鲜海岸附近岛屿，是很有可能的。(见《汉纳根大尉关于高升商轮被日军舰击沉之证言》)。

③ 《中日战争》第六册，二三页。

船长："抵抗是无用的，因为一颗炮弹能在短时间中使船沉没。"

将领："我们宁死不当俘虏！"

船长："请再考虑，投降实为上策。"

将领："除非日本人同意退回大沽口，否则，拼死一战，决不投降！"

船长："倘使你们决计要打，外国船员必须离船。"①

骆佩德和高善继等见高惠悌不予合作，便命令士兵把他看管起来，并看守着船上的所有吊艇，不准许任何人离船。高惠悌要求用信号请日本军官再来谈判。人见善五郎又回来了。汉纳根对这个日本海军大尉转述清军将士的意见说："船长已失去自由，不能服从你们的命令，船上的兵士不许他这样做，军官与士兵坚持让他们回原出发的海口去。"②

高惠悌则补充说："带信给舰长，说华人拒绝高升船当作俘虏，坚持退回大沽口。""考虑到我们出发尚在和平时期，即使已宣战，这也是个公平合理的请求。"③ 人见善五郎答应把意见带给舰长东乡平八郎。

这时已是中午十二点半，交涉历时整整三个小时。在这场交涉中，中国将士不怕威胁，宁死不屈，使日本方面妄图迫降的梦想归于幻灭。日本侵略者见计谋未能得逞，便恼羞成怒，决定要下毒手。人见善五郎刚回到舰上，浪速舰上又挂出第四次信号："欧洲人立刻离船！"高惠悌立即用信号回答："不准我们离船，请派一小船来。"④ 这时，高升号得到的唯一回答是，日本浪速舰上升起一面红旗。这显然是一个放鱼雷的信号。与此同时，浪速舰向前开

---

① 以上对话系综合《汉纳根大尉关于高升商轮被日军舰击沉之证言》、《高升号船长高惠悌的证明》两份材料而写成。

② 《中日战争》第六册，二一页。

③ 《中日战争》第六册，二四页。

④ 《中日战争》第六册，二三页。

动，当它与高升号相距大约一百五十公尺时停了下来，先试放了一颗鱼雷，未中。① 接着，浪速舰长东乡平八郎决定用炮击沉高升号，于是命令六门右舷炮瞄准高升号，猛放排炮。据他自己供称："清兵有意与我为敌，决定进行炮击破坏该船。经发射两次右舷炮后，该船后部即开始倾斜，旋告沉没，历时共三十分钟。"②

高升号上的全体将士在这危急的时刻，毫无畏惧，坚决地进行抵抗。他们在日舰炮火的猛烈轰击下，用步枪"勇敢地还击"。③ 在高升号沉没前的半小时内，日舰虽然不停地"向垂沉的船上开炮"④，但是，中国士兵视死如归，仍然英勇战斗，一直坚持到船身全部沉没。残暴的侵略者为了报复，对落水的中国士兵进行了野蛮的屠杀，竟连续"用快炮向水里游的人射击"⑤，长达一小时之久。这次遇难的中国官兵一千一百人，其中除不到三百人被外轮救出或游泳获生外，其余八百多名官兵全部壮烈殉国。

---

①　汉纳根认为高升号系"水雷命中"爆炸而沉没（见《汉纳根大尉关于高升商轮被日军舰击沉之证言》），这是不确实的。高惠悌说：浪速舰"向高升放过一个〔水雷〕，但没有命中。"（见《高升号船长高惠悌的证明》）。

②　《中日战争》第六册，三三页。

③　《中日战争》第六册，二一页。

④　《中日战争》第六册，二一页。

⑤　《中日战争》第六册，二八页。

第五章 黄海海战

第一节 海战的起因

一 海上追逐

丰岛海战后，日本侵略者一面休整侵朝的陆军部队，一面改编海军舰队，准备扩大侵略战争。

丰岛海战前后，日本联合舰队为适应战争发展的需要，进行过多次改编。到黄海海战前夕，对原来的编队又进行了局部的调整。其阵容是：松岛（旗舰）、千代田、严岛，桥立、扶桑、比睿六舰为本队；吉野（先锋队旗舰）、秋津洲、浪速、高千穗四舰为第一游击队；金刚、葛城、大和、武藏、高雄、天龙六舰为第二游击队；筑紫、爱宕、摩耶、鸟海、大岛五舰为第三游击队；八重山、盘城、天城、近江丸四舰为本队附属队；山城丸为鱼雷艇母舰。①此外，还有商船改装的西京丸和炮舰赤城，也被编入战列。

由上述编队可知，日本海军主力全部集中在本队和第一游击队。其第二游击队多系陈旧的小型巡洋舰，根本不堪任战，主要是用来牵制北洋舰队的。第三游击队则主要由炮舰组成，只备守御根据地虚张声势，也不能出海作战。这个编队反映了日本军事指挥机关的战略意图。当时，日本的作战计划是：首先发起平壤战役，占领朝鲜全境；其次以朝鲜作为进一步进攻中国的桥头堡。为了实现

---

① 川崎三郎：《日清战史》第七编，第三章，三〇—三一页。

这一计划，日本联合舰队的主要任务是"从海上应援陆军，使其完成进击平壤之功"。① 就是说，日本联合舰队着重发挥其海上的牵制作用，从而使北洋舰队不能全力增援平壤。

从八月九日以来，日本联合舰队多次扰袭威海卫，就是为了实现其这一作战计划。黄海海战之前，中日两方海军在黄海上皆未掌握制海权。日本联合舰队对北洋舰队采取回避方针，不与正面交锋。北洋舰队则与之相反，屡次在海上追逐敌舰，欲求一战。对日军采取攻势，这不仅是丁汝昌的始终如一的主张，也是北洋舰队广大爱国将领的普遍要求。据日方记载："日清构衅之初，镇远管带林泰曾力主进攻，举全舰队扼制仁川港，进而与我舰队一决胜负于海上，丁提督可之。丰岛海战之后，亦未改变计划。"② 因此，丰岛海战的第二天，即七月二十六日，丁汝昌便根据济远的报告，立即率领北洋舰队主力驶往朝鲜白翎岛附近，寻找日本联合舰队决战。当天，镇远舰的《航海日志》有云："上午五点四十九分，济远到。下午七点，镇远、致、靖、经、来、平、甲、丙、超勇开行。定远率众舰由威海到朝鲜近海追击敌舰。"但是，就在同一天，清政府竟以"观望迁延，毫无振作"的莫须有罪名，将丁汝昌革职，"责令戴罪自效，以赎前愆"。③ 实际是准备"遴选可胜统领之员，""早为更换"。④ 清政府不问青红皂白就处分海军主将，这显然是极其错误的。

当时，李鸿章的主张主要是两条：一是保船，认为"我军只八舰为可用，北洋千里，全资屏蔽，实未敢轻于一掷"⑤；二是避战，提出"惟不必定与拼击，但令游弋渤海内外，作猛虎在山之

① 《中日战争》第一册，二三九页。
② 川崎三郎：《日清战史》第七编，第三章，一九一二〇页。
③ 《中日战争》第三册，六五页。
④ 《中日战争》第三册，六七页。
⑤ 《中日战争》第三册，二三页。

势，倭尚畏我铁舰，不敢轻与争锋"。① 其实，李鸿章所谓"作猛虎在山之势"，完全是自欺欺人之谈。

丁汝昌采取攻势的主张，既得不到朝廷的了解和支持，又受到李鸿章的掣肘和压制，其内心之愤慨是可想而知的。"盖彼②相信其部下及舰队之力量，而舰队攻防装备亦称完整，故主张采取进攻，计划与我舰队会战，以挫日舰威风，雪丰岛之耻。故此令一下，身受束缚，深表愤恨。其部下将领中亦颇有不平者。"③ 但丁汝昌早置个人的荣辱安危于度外，仍然决心伺机与敌拼战。然而，在当时的情势下，他是很难有所作为的。

从八月三日到八月八日的五天内，丁汝昌曾经两次派定远、镇远、致远、靖远、经远、来远六舰开赴朝鲜附近海面，追逐敌舰，查其去向，寻求决战。八月九日，丁汝昌又亲率定远、镇远、致远、靖远、经远、来远、平远、广甲、广丙、扬威十舰，赴朝鲜海面巡击，仅留超勇及各炮舰在威海港内防守。日本联合舰队早已闻风远飏。八月十日，日舰本队和第一、第二、第三游击队共二十一艘军舰，倾巢出动，驶近威海港口外，装作要发起攻击的样子，实际上是虚张声势，促使北洋舰队回防而不再出海，把制海权让给他们，以任其纵横海上。根据当时威海的防御情况看，敌人从海上正面进攻是不会成功的。日本联合舰队多次扰袭威海失败的事实，便证明了这一点。④ 所以，北洋舰队主力是不需要回防的。相反，北洋舰队要是采取攻势的话，不仅可化被动为主动，还会打乱敌人的侵略部署。但是，李鸿章却见不及此，恰中敌人"围魏救赵"之计。他以"倭乘我海军远出，欲捣虚投隙"为由，电令丁汝昌"速带全队回防，迎头痛剿"。⑤ 结果"海军回威，倭船即于昨日东

---

①　《中日战争》第三册，七二页。

②　指丁汝昌。

③　川崎三郎：《日清战史》第七编，第三章，二六页。

④　参考拙作《中日甲午威海之战》，三六—三八页。

⑤　《中日战争》第三册，二七—二八页。

去"，而且"避我船而行"。① 这样一来，不仅北洋舰队海上追逐日舰寻求决战的计划完全落空，而且把制海权也让给敌人了。

二 护航大东沟

平壤战役后，日本联合舰队"从海上应援陆军"的作战计划已经实现，便开始转而采取攻势了。因此，平壤陷落的第三天，即九月十七日，日本联合舰队便在鸭绿江口大东沟附近的黄海海面上挑起了一场激烈的海战。

先是九月十二日，李鸿章命令丁汝昌率北洋舰队驶往旅顺，以护送增援平壤的总兵刘盛休的铭军八营赴大东沟。因为当时刘盛休的八营铭军尚在大沽口整装待发，所以丁汝昌接到命令后，当即派济远、平远、广甲、广丙、超勇、扬威六舰和鱼雷艇四艘速往大沽口，并亲率定远、镇远、致远、靖远、来远、经远六舰和镇南、镇中两艘炮舰先期驶向旅顺。九月十五日，济远等十艘舰艇护卫招商局轮船新裕、图南、镇东、利运、海定等五号，装运总兵刘盛休的铭军八营四千人，方由大沽口抵达旅顺。北洋舰队各舰艇同运兵轮船会齐后，丁汝昌不敢耽搁，决定当天午夜起航。事实上，北洋舰队护卫运兵轮船起航时，平壤已经陷落，清军主帅叶志超早就逃出平壤了。不过，丁汝昌当时还不知道这个消息罢了。

九月十五日夜半，丁汝昌率领定远、镇远、致远、靖远、来远、经远、济远、广甲、超勇、扬威、广丙、平远、镇南、镇中及鱼雷艇等大小舰艇十八艘，护送五艘运兵船，从大连湾出发，于十六日中午抵达鸭绿江口西面的大东沟。② 由于港内水浅，并为了保证八营陆军安全登岸，丁汝昌命令镇南、镇中两炮舰和四艘鱼雷艇护卫运兵轮船进港，平远、广丙两艘巡洋舰停泊港口外面担任警戒，定远、镇远、致远、靖远、经远、来远、济远、广甲、超勇、

---

① 《中日战争》第三册，三五页。
② 大东沟，又称东沟，在安东县（今辽宁省丹东市）境。

扬威十艘战舰距口外十二海里下碇以防止敌人偷袭。丁汝昌的这一部署，说明他对敌人惯于使用偷袭的伎俩是有着高度警惕的。

九月十六日下午，运兵轮船进港后，开始渡兵。但由于驳运需要时间，一个下午只有少半士兵登岸。于是，丁汝昌下令连夜渡兵。直到十七日早晨，八营铭军才全部上岸。这样，北洋舰队胜利地完成护航的任务。近中午时，日本舰队就在西南海面上出现了。

日本舰队从何而来呢？原来平壤战役后，日本政府知道，虽然它在朝鲜站住了脚步，但要取得对中国作战的胜利，不解除北洋舰队的威胁是不行的。因此，日本重新调整了其作战计划：一方面，以朝鲜为基地，派陆军渡过鸭绿江入侵辽宁，威胁"陵寝"①；另一方面，从海上掩护陆军于辽东半岛或渤海湾登陆，威胁京津，一举打败中国。因此，日本的主要战略目标，则是致力于"扫荡敌人海军，争取获得黄海及渤海的制海权"。② 平壤之战一结束，日本联合舰队就急于同北洋舰队决战，并为此而寻找战机。

其实，早在平壤之战前夕，日本驻朝公使大鸟圭介即接获情报："清军可能取海路向朝鲜运兵"，"由大鹿岛附近上陆。"③ 九月十六日中午，北洋舰队护送运兵轮船刚刚抵达大东沟，日本联合舰队司令官伊东祐亨便在朝鲜大同江口的渔隐洞临时根据地接到电令："刻下敌舰队正集中于大孤山港外的大鹿岛附近，从事警戒。"④ 当时，日本联合舰队在临时根据地聚泊的舰只，有本队和第一、第三游击队，其第二游击队执行任务尚未归航。于是，伊东祐亨命令：第三游击队留守；第一游击队的吉野、高千穗、秋津洲、浪速四舰为先锋队，以吉野为先锋队旗舰，由先锋队司令官海军少将坪井航三乘坐；松岛、千代田、严岛、桥立、比睿、扶桑、

---

① 指沈阳。沈阳是清入关前的旧京，为努尔哈赤、皇太极的陵墓所在。
② 日本参谋本部：《日清战史》第一卷，一七五页。
③ 川崎三郎：《日清战史》第七编，第四章，一三二页。大鹿岛，在大东沟西南八十里海中。
④ 《中日战争》第一册，二三九页。大孤山，又称孤山，在大东沟西一百里。

西京丸、赤城八舰组成本队，以松岛为总队旗舰，由伊东祐亨本人乘坐。本队八舰中的西京丸，乃武装的商船，由日本海军军令部长海军中将桦山资纪乘坐，以观察战况。九月十六日傍晚，伊东祐亨部署停当，便下令起碇出发，以寻找北洋舰队的行踪。

九月十七日拂晓前，日舰驶抵海洋岛。① 六点半左右，伊东祐亨先派赤城舰到大孤山港以南的海面上进行侦察，未发现任何情况。随后，他又下令全舰队向大鹿岛方向前进，这才发现了北洋舰队。于是，一场中日海上鏖战终于发生了。

第二节　海战的序幕

黄海海战，是甲午战争期间中日双方海军的一次主力决战。这次海上鏖战，其规模之巨大，战斗之激烈，时间之持久，在世界海战史上是罕见的。海战中，北洋舰队广大爱国将士发扬了不屈不挠的勇敢精神，在中国人民反帝斗争史上写下了光辉的篇章。

九月十七日早晨八点钟，北洋舰队在胜利完成护航任务之后，"主舰定远上挂出龙旗，准备返航。"② 上午九点十五分，丁汝昌传令进行战斗演习。"清朝舰队施行操练一小时许，炮手进行试射。"③ 约十点半钟，战斗演习结束。按北洋舰队的秋季作息时间，上午十一点五十五分开午饭。④ 各舰伙夫正在准备午餐的时候，有人突然发现西南方向海面上黑烟簇簇，一支庞大的舰队出现了。这一突如其来的情况，立刻引起了北洋舰队将士的注意。他们用望远

---

①　海洋岛，在大孤山以南一百公里海中，与东北方向的大东沟相距一百三十公里。

②　据《来远舰水手陈学海口述》（一九五六年）。

③　川崎三郎：《日清战史》第七编，第三章，五二页。又，马吉芬《黄海海战评述》："自午前九时起，各舰犹施行战斗操练一小时，炮手亦复射击不辍。"（《海事》第十卷，第三期）按：二者所记战斗演习开始的时间稍有出入，应以川崎三郎为是，因为他的记载系根据镇远舰的《航海日志》，准确性较大，与马吉芬全凭追忆不同。

④　余思诒：《航海琐记》上册。

镜观测，继又发现这支疾驶而来的舰队悬挂的乃是美国国旗，这更引起了各舰官兵的怀疑：美国在黄海上并没有这么庞大的舰队，这是一；何况美国当时是"中立国"，也不会突然派遣一支庞大的舰队开赴鸭绿江口一带，这是二。显而易见，这支舰队不可能是美国舰队。那么，它会不会是日本舰队利用美国旗打掩护以麻痹我舰官兵，妄图施展其偷袭的惯伎呢？全军将士顿时警惕起来。这时，提督丁汝昌同右翼总兵定远管带刘步蟾和总教习汉纳根，都登上了旗舰定远号前方的飞桥，一面密切注视着来舰的动向，一面开会商讨对策。为了防止敌人的可能偷袭，丁汝昌决定升火以待。[1] "丁统领挂'三七九九'旗，命令各舰实弹，准备战斗。"[2] "于是，定远传出信号，响起战斗号音。不久，各舰喷出火焰之黑烟，舱内伙夫封闭火室，用强压通风，在汽罐蓄满火力，以备缓急。"[3] 水兵们也顾不得吃饭，都站到了自己的战斗岗位上。

　　丰岛海战后，北洋舰队广大将士求战情绪十分高昂。"舰员中，水兵等尤为活跃，渴欲与敌决一快战。"因此，旗舰的备战号令一下，水兵们迅速地做好了战斗的准备。"各舰皆将舢板解除，仅留六桨小艇一只，意在表示军舰之运命，即乘员之运命，舰存与存，舰亡与亡，岂可有侥幸偷生之念，或借舢板遁逃，或忍败降之辱哉？此外，若十二吋炮之薄炮盾，若于战斗无益者之木器、索具、玻璃等项，悉行除去无余。各舰皆涂以深灰色。沿舱面要部四周，积置沙袋高可三、四英尺，以钓床充速射炮员保护之用，以煤袋配备冲要处所，借补沙袋之不足，通气管及通风筒咸置之舱内，窗户与防水门概为锁闭。凡有乘员，俱就战斗部署。战斗喇叭余响未尽，而战斗准备蓄以整然。"真是"士气旺盛，莫可名状"！[4]

---

　　① 姚锡光《东方兵事纪略》："巳刻，见西南来黑烟一簇，测望悬美国旗，我军作战备。"（《中日战争》第一册，六六页）

　　② 据《来远舰水手陈学海口述》（一九五六年）。

　　③ 川崎三郎：《日清战史》第七编，第三章，五二页。

　　④ 马吉芬：《黄海海战评述》，《海事》第十卷，第三期。

但是，日舰上还挂着美国国旗，丁汝昌无法下战斗命令。日舰直到发现北洋舰队之后，仍未撤换美国国旗，因为狡猾的侵略者此时仍需要用它来掩护一阵，以争取时间做好战斗准备。因此，伊东祐亨挂出的第一个信号是："吃饭"！① 半小时后，即中午十二点左右，来舰愈来愈近，共十二艘，舰上的美国国旗突然不见，都换上了日本旗。② 在换日本旗的同时，日本旗舰松岛号上又挂出了第二个信号："备战"！这就是伊东祐亨所说："午后零时五分，扬挂大军舰旗于桅顶，令各舰就战斗位置。"③ 并部署阵形为"一字竖阵"④，以先锋队四舰居前，本队六舰继后，另将赤城，西京丸移到左侧，列入非战斗队列。

情况的发展，果然不出北洋舰队广大将士之所料。丁汝昌见日舰"尽易倭旗"，便下命停泊在大东沟口外的十艘战舰起锚，以定远、镇远为第一队，致远、靖远为第二队，来远、经远为第三队，济远、广甲为第四队，超勇、扬威为第五队，排成"双纵阵"⑤，用每小时五海里的舰速驶向敌舰，准备迎战。"各舰比见旗舰定远揭扬立即起锚之信号，无不竞相起锚，行动较之平昔更为敏捷；即老朽之超勇、扬威两艘，起锚费时，因之落后，然亦疾驰竟就舰备。"⑥ 在比平时更为暂短的时间内，阵形便已排成。这时，"船应机声而搏跃，旗帜飘舞，黑烟蜿蜒"⑦，直冲敌阵而去。双方舰队越来越近。敌人用望远镜已经能够清楚地看到中国军舰上的动静："头上盘着发辫，两臂裸露而呈浅黑色之壮士，一群一群地仁立在

---

① 川崎三郎：《日清战史》第七编，第四章，二九五页。

② 姚锡光《东方兵事纪略》："晌午，船愈来愈近，凡有船十二艘，已尽易倭旗。"

③ 《伊东祐亨给日本大本营的报告》，《海事》第八卷，第八期。

④ "一字竖阵"，又称"单纵阵"，中国水手称为"一条龙阵式"。

⑤ "双纵阵"，又有"并列纵阵"等名称，实为"掎角鱼贯小队阵"或"夹缝鱼贯小队阵"。

⑥ 马吉芬：《黄海海战评述》，《海事》第十卷，第三期。

⑦ 泰莱：《甲午中日海战见闻记》。

大炮近傍，准备着你死我活的大搏斗。"① 伊东祐亨见此情景，怕士兵临战畏惧，赶紧下令准许"随意吸烟，以安定心神"。②

但是，"双纵阵"排成不久，旗舰定远又挂出改变阵形的信号。因为这时丁汝昌在观察中发现，敌舰的战术似是直攻中坚。③这样，如果继续采取夹缝鱼贯阵，就无法发挥后继八舰舰首的重炮威力。于是，他毅然下令改变阵形。对此，姚锡光说："时汝昌自坐定远为督船，作犄角鱼贯阵进。遥望倭船作一字竖阵来扑，快船居前，兵船继之。汝昌谓其直攻中坚也，以镇远、定远两铁甲居中，而张左右翼应之，令作犄角雁行阵。"④ 丁汝昌变换阵形的命令，具体包括三条："（一）舰型同一诸舰，须协同动作，互相援助；（二）始终以舰首向敌，借得保持其位置为基本战术；（三）诸舰务于可能范围之内，随同旗舰运动之。"⑤ 其第一条要求同型的姊妹舰互相保持一定的距离，协同动作；第二条要求变鱼贯阵为夹缝雁行小队阵，各舰都用舰首向敌，以发扬舰首重炮的火力；第三条要求各舰随旗舰定远的所向而进击敌舰。命令发出后，各舰均按照要求变换位置。

变换阵形一开始，旗舰定远率先以每小时七海里的航速前进，其余各舰也都以同一航速继之，保持舰与舰之间的距离为四百码。但是，由于后续诸舰不是做直线运动，而是作斜线甚至弧形运动，在同一时间内需完成更大的航程，故阵形初变不可能形成正常的夹缝雁行小队阵。对此，《冤海述闻》记载说："我军阵势初本犄角鱼贯，至列队时，复令作犄角雁行。丁提督乘定远铁舰为督船，并镇远铁船居中，致远、靖远为第二队，经远、来远为第三队，济

---

① 川崎三郎：《日清战史》第七编，第四章，一二〇页。

② 川崎三郎：《日清战史》第七编，第四章，一一六页。

③ 《伊东祐亨给日本大本营的报告》，"我先锋队先向敌阵中央"。

④ 《东方兵事纪略》所说的"犄角雁行阵"，实为"犄角雁行小队阵"，或称"夹缝雁行小队阵"。因时间匆迫，变阵并未最后完成。变阵之初，队形似"燕翦阵"，又称"凸梯阵"或"人字阵"。

⑤ 《汉纳根给北洋大臣的报告》，《海事》第八卷，第五期。

远、广甲为第四队，超勇、扬威为第五队，分作左右翼，护督船而行。原议整队后，每一点钟行八嗹①，是时队未整，督船即行八嗹，以致在后四队之济远、广甲，五队之超勇、扬威，均赶不及。缘四船鱼贯在后，变作雁行傍队，以最后之船斜行至偏傍最远，故赶不及。"② 于是，整个舰队便形成窄长的"人"字形。从敌舰方面看，北洋舰队的阵形恰像英文字母 V，故当时英国伦敦有的报纸称之为："V 字形阵"。③ 此外，还有称作"三角形的突梯阵"④ 或"楔状阵"⑤ 的，都表明了北洋舰队阵形初变时的特点。

丁汝昌下达变换阵形的命令，其时间约在中午十二时二十分。一刻钟后，"人字阵"即初步形成。日方记载说："零时三十五分，已经能明显看见敌舰，细一审视，定远作为旗舰在中央，镇远、来远、经远、超勇、扬威在右，靖远、致远、广甲、济远在左，形成三角形的'突梯阵'"。⑥ 这样，我们便可将中日双方舰队接触前的活动情况，列表说明如下：

时间	双方舰队活动情况	相隔距离（海里）
7：30	日本联合舰队从海洋岛启航东北行。	62
9：15	北洋舰队开始战斗演习。	40
10：30	北洋舰队战斗演习结束。	32
11：00	北洋舰队发现西南海面上黑烟簇簇，为一支舰队，上挂美国旗，丁汝昌挂出信号："升火！"	27

① 嗹，即英里，为 mile 的音译，与译作"海里"的 Seamile 不同。八英里，合七海里。

② 《中日战争》第六册，八七—八八页。

③ 川崎三郎：《日清战史》第七编，第三章，一八〇页。

④ 《日清战争实记》。按："突梯阵"，应译为"凸梯阵"。

⑤ 马吉芬：《黄海海战评述》。

⑥ 《中日战争》第一册，二四〇页。按：原文将"靖远"和"经远"的位置互相颠倒，盖音同而致误。引用时予以改正。

时间	双方舰队活动情况	相隔距离（海里）
11：30	日本先锋队旗舰最先发现北洋舰队，向总队旗舰松岛报告，伊东祐亨挂出信号："吃饭！"	22
12：05	伊东祐亨又挂出信号："准备战斗！"同时日本各舰均换下美国旗，改悬日本旗。	17
12：20	日本以"一"字竖阵直扑北洋舰队中坚。北洋舰队刚编成犄角鱼贯小队阵，丁汝昌又毅然下令变为犄角雁行小队阵。	13
12：35	北洋舰队形成夹角为锐角的"人"字阵，定远适在夹角的顶端，自日方观之颇似 V 字。	8

北洋舰队变换阵形后，起初是一个窄长的"人"字阵式，恰像一把锋利的匕首，直插敌舰群。

一场海上鏖战就这样开始了。

第三节　海战的过程

一　勇冲敌阵——海战的第一个回合

中日双方舰队互相对驶，越来越接近，都想力争主动，先占一著。日本联合舰队先以每小时八海里的速度航进，到十二点半钟又增至十海里，以整齐的单纵阵，向北洋舰队的中坚突进。北洋舰队仍以每小时七海里的航速，一面将阵式向扁"人"字形展开，一面向敌舰冲击。据日舰用望远镜观测："定远①舰上一片寂静。一名军官登上前樯桅楼，用六分仪测量距离，不停地挥动手中的小旗，报告所测之距离。炮手则不断降低照尺。当时敌我相距大约

---

① 原文误记为"镇远"，予以改正。按：日方记载中经常将"定远"误认为"镇远"，是因为定远与镇远为姊妹舰，型制相同的缘故。

四哩①，距离速度减至六千公尺、五千八百公尺……五千六百公尺、五千五百公尺，此刻只有五千四百公尺了。……突然如迅雷轰鸣，白烟蔽海，一炮飞来落于我先锋舰吉野舷侧。此为定远右侧露炮塔放出之黄海海战第一炮"。② 其时恰在中午十二点五十分，双方舰队相距为五千三百公尺。这场海上鏖战的帷幕正式拉开了。

为什么定远要先放第一炮呢？这一炮是定远管带刘步蟾指挥放的，于是有人认为这是刘步蟾遇敌惊慌失措的表现。这纯系无稽之谈。其实敌舰驶至相距五千公尺左右时，已进入北洋舰队各舰的有效射程之内。定远以舰大炮巨，首先射出第一炮，是为了先发制人。北洋舰队十艘战舰中，除广甲外，其余九艘的舰首大炮口径均在二十公分以上，射程"可及十八里，若打十里内极准"。③《中倭战守始末记》载北洋舰队弁兵的谈话亦指出："约相距十里左右，炮弹力量既足，且命中无虚发者。"④ 十里者，五千公尺也。定远迎战敌舰进至相距五千公尺左右时才开炮，正说明刘步蟾是指挥若定、胸有成竹的。据日本高千穗舰某尉官的《战时日记》记载："定远舰之炮座吐出一团白云，轰然一声巨响，其三十公分半巨弹从烟雾中打来，由游击队头上偏高飞过，在左舷落入海中，海水激起数丈白浪。"⑤ 很明显，由于定远瞄准取角偏高，弹着点稍远，致落在吉野舷左一百公尺处，并非够不着目标的缘故。定远放第一炮，也是发动进攻的信号。继定远之后，"彼我相距五千二百公尺"⑥ 时，镇远又射出第二发炮弹。时间仅仅相隔十秒钟。⑦ 接着，

---

① 合三海里半，约六千四百公尺。

② 川崎三郎：《日清战史》第七编，第三章，五八页。

③ 《中日战争》第五册，二九页。

④ 北洋舰队大炮的有效射程大于日舰，先发制人较为有利。

⑤ 川崎三郎：《日清战史》第七编，第四章，一一二页。按：原文将"三十公分半，误为"三十公分"，予以改正。

⑥ 川崎三郎：《日清战史》第七编，第三章，五九页。

⑦ 当时双方舰队互相接近的速度约为每秒钟十公尺，距离缩短一百公尺，需时十秒钟。

北洋舰队各主要炮座一齐发炮。十二点五十五分，日舰第一游击队的头船吉野驶至距北洋舰队约三千公尺处，也开始发炮。于是，"两军大小各炮，连环轰发，不少间断。"①

在这次海战中，北洋舰队参战的军舰为十艘，日本联合舰队参战的军舰为十二艘，力量的对比为十比十二（见下表）。北洋舰队参战的总吨位为三万一千三百六十六吨，日本联合舰队为三万八千四百零一吨，相差七千〇三十五吨；北洋舰队的平均航速为每小时十五点五海里，日本联合舰队为每小时十八点一海里②，每小时差二点六海里。特别在发射速度方面，日本联合舰队更占极大的优势。日本联合舰队拥有速射炮一百一十五门③，而北洋舰队却一门速射炮也没有。本来，丰岛海战之前，北洋舰队的定远、镇远、经远、来远、济远五舰拟共购速射炮十八门，需银约五十万两，终因"饷项支绌，巨款难筹"④而搁置。有关资料记载，当时速射炮的发射速度每分钟十发炮弹。⑤而日本方面统计；"我速射炮多，六英寸以下口径炮，彼射一发则我射四发。"⑥这样，北洋舰队的平均发射速度仅为每分钟二发。有人认为当时双方力量不相上下，这是不符合事实的。

舰队	舰名	排水量（吨）	航速（节）	管 带	
				军级	姓名
北洋舰队	定远	7335	14.5	总兵	刘步蟾
	镇远	7335	14.5	总兵	林泰曾

① 王炳耀：《中日战辑》卷三。

② 列入非战斗行列的西京丸、赤城二舰，未计算在内。

③ 据《日清战争实记》第九卷，第四十三编，日本军舰一览表。裴利曼特说日舰有速射炮四十五门。（《中日战争》第七册，五五一页）。按：应为五十四门，系指十二公分口径的一种速射炮而言。

④ 《中日战争》第六册，七三页。

⑤ 《中日战争》第六册，七三页。

⑥ 川崎三郎；《日清战史》第七编，第四章，一八七页。

续表

舰队	舰名	排水量 （吨）	航速 （节）	管 带	
				军级	姓名
北洋舰队	致远	2300	18.0	副将	邓世昌
	靖远	2300	18.0	副将	叶祖珪
	经远	2900	15.5	副将	林永升
	来远	2900	15.5	副将	邱宝仁
	济远	2300	15.0	副将	方伯谦
	广甲	1296	14.0	都司	吴敬荣
	超勇	1350	15.0	参将	黄建勋
	扬威	1350	15.0	参将	林履中
日本联合舰队	吉野	4225	22.5	大佐（副将）	河原要一
	高千穗	3709	18.0	大佐（副将）	野村贞
	秋津洲	3150	19.0	少佐（游击）	上村彦之丞
	浪速	3709	18.0	大佐（副将）	东乡平八郎
	松岛	4278	16.0	大佐（副将）	尾本知道
	千代田	2439	19.0	大佐（副将）	内田正敏
	严岛	4278	16.0	大佐（副将）	横尾道昱
	桥立	4278	16.0	大佐（副将）	日高壮之承
	比睿	2284	13.5	少佐（游击）	樱井规矩之左右
	扶桑	3777	13.0	大佐（副将）	新井有贯
	西京丸	1652	10.3	少佐（游击）	鹿野勇之进
	赤城	622	10.3	少佐（游击）	坂元八郎太

对此，裴利曼特的评论还是客观的，他说："从双方舰队的质量上观之，在吨位、兵员、速射炮及速力等方面，伊东中将率领之日本舰队占优势。"① 所以，这次海战对北洋舰队的广大官兵来说，确

---

① 《裴利曼特关于中日海战的演说》，转引自川崎三郎：《日清战史》第七编，第二章，三一六页。

实是一次严峻的考验。

定远打响第一炮后，北洋舰队即以"人"字阵猛冲直前，定远恰在楔状阵形的尖端，镇远则在定远之右而略偏后，全梯队像锐利的锋刃插向敌舰群。开战之际，两翼诸舰也赶了上来。这样，整个舰队又成为类似半月形扁"人"字阵。日本第一游击队先是直攻北洋舰队的中坚，可是看到北洋舰队来势凶猛，特别是"畏定、镇二船甚于虎豹。"① 故远在五千公尺以外便急转弯向左，以避定远、镇远的重弹，并以两倍于北洋舰队的速力（每小时十四海里）横越二舰之前。于是，日本先锋舰的右舷便暴露在北洋舰队的正前方。十二点五十三分，吉野与北洋舰队相隔约四千公尺时，一颗炮弹飞来"击中吉野，穿透铁板在甲板上爆炸。"② 吉野为了摆脱不利的处境，便直扑北洋舰队右翼的弱舰。十二点五十五分，吉野与北洋舰队右翼超勇、扬威二舰相距三千公尺时，开始炮击。超勇、扬威奋勇抵抗。据日方记载："继吉野之后，高千穗、秋津洲、浪速亦还炮，进而向敌右翼冲击。顿时炮烟锁住海面，弹落如雨。秋津洲之永田大尉此时中敌弹而死。"③ 但是日本第一游击队四舰仍然咬住超勇、扬威不放。先向右转，继又向左作回旋运动，继续集中火力猛攻不已。超勇、扬威本是木质的包铁旧式兵船，乃北洋舰队十舰中最弱之舰，舰龄已在十三年以上，速力迟缓，火力与防御能力皆差，虽然竭力还击，终究敌不过号称"帝国精锐"的日本第一游击队四舰。超勇、扬威二舰中弹甚多，"共罹火灾，焰焰黑烟将全舰遮蔽。"④ 不久，超勇右舷倾斜，难以行驶，终于被烈火焚没。扬威起火后，又复搁浅，失去了战斗力。

在日本第一游击队开始进攻超勇、扬威二舰的同时，即十二时五十五分，日本旗舰松岛恰好到达定远的正前方。双方展开猛烈的

---

① 《中日战争》第一册，一六九页。

② 川崎三郎：《日清战史》第七编，第四章，一二二页。

③ 川崎三郎：《日清战史》第七编，第四章，一二二页。

④ 川崎三郎：《日清战史》第七编，第四章，六三页。

炮击。"战阵甫合，炸弹遽来，正中定远之桅，桅顶铁瞭楼中，有七人焉，弹力猛炸，与桅同堕海底。"① 松岛也成为北洋舰队炮火集中打击的目标。"群炮萃于松岛，亦击断其号旗之杆。"② 并同时命中其三十二公分炮塔。③ 开战之初，丁汝昌正在飞桥上督战，由于船身中炮而"猛簸"，"抛堕舱面"。④ 丁汝昌受伤后，刘步蟾"代为督战"⑤，"表现尤为出力"。⑥ 此时，以松岛为首的日舰本队因畏惧定远、镇远的强大炮火，急转舵向左，到达定远的右方。于是，北洋舰队向右旋转约四度，各舰皆以舰首指向日舰本队。日舰本队后继之比睿、扶桑、西京丸、赤城诸舰因速力迟缓，远远落后于前方各舰，遂被北洋舰队"人"字阵之尖所切断。这样一来，日舰本队便被拦腰截为两段，形势大为不利。

北洋舰队抓住这一有利时机，向敌发动猛攻。"定远猛发右炮攻倭大队，各船又发左炮攻倭尾队三船"。⑦ 一点零四分，定远发炮击中松岛一炮座附近，击毙其炮手多名。一点十分，比睿见处境危殆，慌不择路，冒险向右急转舵，从定远和靖远之间闯进中国舰群，企图取捷径与本队会合。但是，它的目的未能顺利达到，反而遭到北洋舰队猛烈轰击。结果"被定远放出之三十公分半之巨弹击中，下甲板后部全部毁坏，三宅大军医、村越少军医、石塚大主计以下十九人被击得粉碎而死。"⑧ "顷刻之间，该舰后部舱面，已起火灾，喷出浓烟，甚高甚烈。"⑨ 赤城本是一艘六百来吨的小炮舰，只有四门炮，航速约每小时十海里⑩，开战之前移于日舰本队

① 《中日战争》第一册，一七〇页。
② 《中日战争》第一册，一六七页。
③ 川崎三郎：《日清战史》第七编，第四章，一五五页。
④ 《中日战争》第一册，一七〇页。
⑤ 《中日战争》第三册，一三五页。
⑥ 李锡亭：《清末海军见闻录》。
⑦ 《中日战争》第三册，一三四页。
⑧ 川崎三郎：《日清战史》第七编，第四章，一二五页。
⑨ 马吉芬：《黄海海战评述》。
⑩ 一说赤城的航速为每小时十二海里，应以每小时十点二五海里为是。

左侧西京丸之后，"因速力迟缓，不能继行，终成为孤军。"① 据日方记载："敌舰集中火力攻击赤城，相距八百米，赤城中弹甚多。"② "一点二十五分，敌舰的大炮飞来，命中赤城的樯头，舰长海军少佐坂元八郎太及以下第一速射炮员两名，因此捐躯……敌弹又打中我前部下甲板，火药库防火队员，唧筒炮员，捕索员等死伤甚多，蒸气管亦破裂。"③ "舰上将校几乎全部被击毙。"④ 正在此时，西京丸上的日本海军军令部部长桦山资纪见比睿，赤城处境危殆，发出要求援救的信号，日舰第一游击队急忙回航来救，比睿、赤城二舰"才得免于难，逃出战列。"⑤

海战的第一个回合，从十二点五十分到下午一点半，历时四十分钟。定远先发制人，打响第一炮，双方展开炮战，虽然北洋舰队之超勇，扬威二舰中弹起火，但终于冲断敌阵，重创比睿、赤城两艘敌舰，使其丧失战斗力而逃出战列。因此，在此回合中，北洋舰队是占上风的，而日本联合舰队则处于失利的地位。

二　背腹受敌——海战的第二个回合

下午一点半钟以后，海战进入第二个回合，日本联合舰队转居上风，北洋舰队的处境又变得不利了。先是日舰第一游击队见本队后继诸舰危急，于是转舵向左回航营救，利用左舷速射炮火猛击北洋舰队，始得通过，救出扶桑回归本队。这时，日舰本队也绕过北洋舰队的右翼而到达背后，与第一游击队正形成夹击的形势。这样一来，北洋舰队便陷入了腹背受敌的不利境地。

北洋舰队虽然处境极为困难，但广大爱国将士莫不敌忾同仇，英勇奋战。丁汝昌身负重伤，而置个人的生命危险于度外，他拒绝

---

① 《中日战争》第一册，二四二页。
② 川崎三郎：《日清战史》第七编，第四章，一三二页。
③ 《中日战争》第一册，二四二页。
④ 川崎三郎：《日清战史》第七编，第四章，一三三页。
⑤ 川崎三郎：《日清战史》第七编，第四章，一三三页。

部下要他进舱养息的规劝，裹伤后始终坐在甲板上激励将士。"各将士效死用命，愈战愈奋，始终不懈"。① 但由于海战开始不久，定远的信号装置即被敌舰的排炮所摧毁，指挥失灵，因而除定远、镇远两姊妹舰始终保持相互依持的距离外，其余诸舰只能各自为战，"伴随日舰之回转而回转"。②

这时，日本联合舰队所采取的战术是：（一）将第一游击队置于北洋舰队正面，"以快船为利器，而吉野为其全军前锋，绕行于我船阵之外，驶作环形，盖既避我铁甲巨炮，而以其快炮轰我左右翼小船，为避实击虚计"③；（二）将本队置于北洋舰队的背面，作为策应，回旋炮击，以使北洋舰队首尾难以相顾。敌人的这一计划是相当恶毒的。北洋舰队在极端艰难的情况下，拼死搏战，与敌舰相拒良久。

战至下午两点半钟，当时停泊在大东沟港口的平远、广丙二舰前来参加战斗，港内的福龙、左一两艘鱼雷艇也开到作战海域。平远从东北方面驶来，恰好经过松岛的舷左，互相展开炮击。据日方记载："二时三十分，我舰（松岛）与平远相距二千八百公尺，不久近至二千二百公尺，平远之二十六公分炮击中中央水雷室，打死左舷鱼雷发射手四人。"④ 平远乃闽厂自造的两千吨级巡洋舰，火力很弱，只有大小炮十一门，在日舰本队的猛烈轰击下，寡不敌众，势难久战，须臾中弹起火。都司平远管带李和为扑灭烈火，便下令转舵驶向大鹿岛方向，暂避敌锋。都司广丙管带程璧光也随之逃避。

在此危急的时刻，致远管带邓世昌表现得最为突出。在邓世昌的指挥下，致远舰纵横海上，有我无敌，充分表现了中华民族誓与敌人血战到底的英雄气概。他平时"精于训练"，"使船如使马，

① 《中日战争》第三册，一三五页。
② 川崎三郎：《日清战史》第七编，第三章，六五页。
③ 《中日战争》第一册，六七页。
④ 川崎三郎：《日清战史》第七编，第四章，一五六页。

鸣炮如鸣镝，无不洞合机宜"，并多次表露过要与敌寇决一死战的
坚强决心，曾对人说："设有不测，誓与日舰同沉！"① 他在海战中
忠实地实践了自己的诺言。此时，日舰第一游击队正由北洋舰队的
右翼向左回旋，驶至定远舰的前方，并向定远进逼，企图施放鱼
雷。邓世昌见此情景，为了保护旗舰，下令"开足机轮，驶出定
远之前"②，迎战来敌。邓世昌在危险时刻所表现的"勇敢果决，
胆识非凡"③，极大地鼓舞了全舰将士。致远舰在日本先锋四舰的
围攻下，意气自若，毫不退缩。在激烈的战斗中，致远舰中弹累
累，连续受到敌舰"十吋至十三吋重炮榴霰弹的打击，水线下受
伤"④，舰身倾斜，势将沉没，而且弹药将尽，但仍于"阵云缭乱
中，气象猛鸷，独冠全军。"⑤ 恰在这时，致远正和吉野相遇，邓
世昌见敌舰吉野横行无忌，早已义愤填膺，准备与之同归于尽，以
保证全军的胜利。他对都司帮带大副陈金揆说："倭舰专恃吉野，
苟沉是船，则我军可以集事！"⑥ 陈金揆深为感动，开足马力，"鼓
轮怒驶，且沿途鸣炮，不绝于耳，直冲日队而来。"⑦ 当时，正在
吉野舰上指挥的日本先锋队司令官海军少将坪井航三急忙下令驶
避，同时施放鱼雷。"致远中其鱼雷，机器锅炉迸裂，船遂左倾，
顷刻沉没。"⑧ 管带邓世昌、大副陈金揆和二副周居阶等同时落水。
邓世昌坠海后，其随从刘相忠为抢救他，也跟着持救生圈跳入海
中，拉他浮出水面。但是，邓世昌"以阖船俱没，义不独生，仍
复奋掷自沉"。⑨ 此刻，邓世昌所养的一只狗名为"太阳犬"者，

---

① 《中日战争》第一册，一六七页。

② 《中日战争》第三册，一三四页。

③ 川崎三郎：《日清战史》第七编，第四章，六七页。

④ 川崎三郎：《日清战史》第七编，第四章，六七页。

⑤ 《中日战争》第七册，五五〇页。

⑥ 《中日战争》第一册，六七页。

⑦ 《中日战争》第七册，五五〇页。

⑧ 《中日战争》第一册，六七页。

⑨ 《中日战争》第三册，一三六页。

亦凫到身边，用嘴叼住他的发辫，使其不能沉入海中。邓世昌誓与舰共存亡，毅然用手将狗头按入水里，自己也随之沉没于波涛之中。① 于是，邓世昌同全舰二百余名将士，除二十七名遇救获生外，余者全部壮烈牺牲，以身殉国。② 邓世昌和致远舰将士这种气壮山河、视死如归的大无畏精神，更加鼓舞了全军广大爱国将士的斗志。

致远沉没后，北洋舰队左翼阵脚之济远、广甲二舰远离本队，处境孤危，本应互相依持，向靖远靠拢，以保持原来的阵形。但是，济远管带方伯谦看到致远沉没，却吓得大惊失色。方伯谦本是一个贪生怕死的胆小鬼，在丰岛海战中即曾作过可耻的逃兵。其为人狡诈阴险，水手们给他起了个绰号叫"黄鼠狼"。海战开始后，他无心作战，只是四处乱窜，躲避敌弹，各舰水手目睹方伯谦的丑恶表演，无不恨之入骨，皆切齿骂道："满海跑的黄鼠狼！"③ 开战不久，他即借口"全炮座损坏，无力防御"④，"先挂本舰已受重伤之旗"⑤，准备逃跑。既见致远中雷炸沉，北洋舰队处境危殆，他竟置他舰于不顾，转舵逃跑，"茫茫如丧家之犬，遂误至水浅处。适遇扬威铁甲船，又以为彼能驶避，当掫舵离浅之顷，直向扬威。不知扬威先已搁浅，不能转动，济远撞之，裂一大穴，水渐汩汩而入。"⑥ 扬威立沉于海。幸左一号鱼雷艇奉命及时赶来救援，全舰一百三十人中获生者半数，其余半数包括管带林履中、大副郑文超、二副郑景清等皆殉国。方伯谦更是惊骇欲绝，鼓轮如飞，遁入旅顺口。⑦ 而据事后检查，济远"机器整然，未见别的故障，仅仅在舰尾之六时炮被敌弹击中炮耳，乃是从背面打入，证明系该舰逃

---

① 据《来远舰水手陈学海口述》（一九五六年）。
② 见川崎三郎：《日清战史》第七编，第三章，六八页。
③ 据《来远舰水手陈学海口述》（一九五六年）。
④ 川崎三郎：《日清战史》第七编，第三章，六一页。
⑤ 《中日战争》第一册，一六八页。
⑥ 《中日战争》第一册，一六八页。
⑦ 方伯谦逃回旅顺后，于九月二十日被清政府下令处斩。

走之际受敌狙击所致。"①

广甲管带吴敬荣见济远逃跑，也急忙随之驶出阵外，因慌不择路，离开航线。夜半时，"至大连湾三山岛外，迫近丛险石堆，该船弁勇金告管带，船已近滩，必不可进。管带不听，致船底触石进水，不能驶出"②，遂致搁浅。吴敬荣则弃舰登岸，逃命而去。第二天，广甲即被日舰击沉。

济远、广甲二舰逃跑后，日本第一游击队尾追不舍，"因相距过远折回"。③ 日本先锋队四舰继而转航向左，横越定远、镇远之前，绕攻北洋舰队右翼阵脚之经远。经远被划出阵外，遭到敌先锋队的围攻，中弹甚多，"船群甫离，火势陡发。"④ 经远管带林永升率领全舰将士，有进无退，"奋勇摧敌"。⑤ 全舰将士"发炮以攻敌，激水以救火，依然井井有条"。⑥ 日本吉野、高千穗、秋津洲、浪速四舰死死咬住经远，"先以鱼雷，继以丛弹"⑦，经远舰以一抵四，毫无畏惧，"拒战良久"。⑧

这时，林永升忽然发现一敌舰中弹受伤，遂下令"鼓轮以追之"，"非欲击之使沉，即须擒之同返。"⑨ 敌舰依仗势众，群炮萃于致远。在激烈的炮战中，林永升"突中敌弹，脑裂阵亡。"⑩ 都司帮带大副陈军和二副陈京莹也先后中炮牺牲。经远舰在"船行无主"⑪的情况下，水手们坚守岗位，决不后退一步。此时，经远与敌舰相距不到两千公尺，遭到日舰第一游击队的"近距离炮火

① 川崎三郎：《日清战史》第七编，第三章，六一页。
② 《中日战争》第六册，八九页。
③ 《中日战争》第三册，一三四页。
④ 《中日战争》第一册，一六八页。
⑤ 《中日战争》第三册，一二九页。
⑥ 《中日战争》第一册，一六八页。
⑦ 《中日战争》第三册，一三四页。
⑧ 《中日战争》第三册，一三四页。
⑨ 《中日战争》第一册，一六八页。
⑩ 《中日战争》第三册，一三四页。
⑪ 《中日战争》第一册，六八页。

猛轰，尤其被吉野之六吋速射炮猛烈打击，遂在烈焰中沉没。"①
舰身虽在逐渐下沉，水手们仍然继续开炮击敌，一直坚持到最后的
时刻。全舰二百余人当中，除十六人遇救生还外，余者全部葬身海
底，壮烈殉国。这时已是下午三点。

　　海战的第二个回合，从下午一点半到三点，历时一个半小时。
此时，中国方面超勇、扬威二舰焚，致远、经远二舰沉，济远、广
甲二舰逃，只剩下定远、镇远、靖远、来远四舰仍在坚持战斗，而
日舰本队尚余松岛、千代田、严岛、桥立、扶桑、西京丸六艘，加
上第一游击队之吉野、高千穗、秋津洲，浪速四舰，则共有十艘战
舰。双方战舰数量的对比是四比十。因此，在此回合中，日本方面
由劣势变为优势，转居上风，北洋舰队则转入劣势，处境更加困
难了。

三　力挽危局——海战的第三个回合

　　北洋舰队虽然一时居于劣势，处境极端困难，但定远、镇远、
靖远、来远四舰全体将士誓死搏斗，力挽危局，誓与敌人拼战到
底。因此，战场上出现了敌我相持的局面。

　　下午三点钟以后，双方舰队开始分为两群同时进行战斗：日舰
本队松岛、千代田、严岛、桥立、扶桑、西京丸六舰缠住定远、镇
远两舰；第一游击队吉野、高千穗、秋津洲、浪速四舰则专力进攻
靖远、来远两舰。日本方面的企图是，把中国四艘战舰分割为二，
使之彼此不能相顾：攻靖远，来远是实，攻定远、镇远是虚，虚实
并举，以实为主，以虚为辅，先击沉靖远和来远，然后全军合力围
攻定远和镇远，以期胜利结束战斗。敌人的计划确实是极为狠毒
的，但在北洋舰队爱国将士的英勇打击下，敌人却遭到了可耻的
失败。

　　这个回合一开始，形势显然对北洋舰队非常不利。日本联合舰

---

　　①　川崎三郎：《日清战史》第七编，第三章，六七页。

队依仗其舰多势众，对北洋舰队又是包围，又是猛扑，恨不得一口把他吃掉。但是，中国四艘战舰巍然屹立，不可动摇，使敌人只能徒唤奈何。相反，日舰本队有六艘战舰，数量是定远、镇远的三倍，但由于舰型混杂，速力不齐，很快便露出了破绽。在日舰本队六舰中，西京丸的处境最为不妙。本来，早在半个多小时前，西京丸已经负伤，被三十公分半口径炮弹"击中右舷侧，打断蒸气管，致使蒸气舵机失灵"①，"乃以舵索代替舵机，仅能勉强而行"。②三点零五分，西京丸已经远离本队，而中国鱼雷艇福龙号又突然出现在它的正前方四百公尺处，"用前部水雷发射，距西京丸一公尺之距离由右舷越过，未射中。接着，第二发鱼雷又由左舷射来。此时，西京丸正侧面向敌，回转已来不及。桦山中将同六名将校正在舰桥中，皆以为'我事已毕'，相对默然，只能目视水雷袭来。水雷忽从右舷水面逸去，盖因两舰相距太近，水雷从深水通过而未能触发也"。③"西京丸仅免于难，离开了战列。"④ 这样，日舰本队便只剩下五舰了。

靖远、来远二舰将士也打得十分勇敢顽强。靖远管带叶祖珪和来远管带邱宝仁，觉察到敌人的险恶用心，便临时结成姊妹舰⑤，彼此保持一定的距离以互相依持，坚持与敌人战斗到底。在激烈的海战中，靖远、来远二舰以寡敌众，"苦战多时"⑥，均受重伤。来远舰中弹二百多颗。三点二十分，一颗炮弹在来远舰甲板上爆炸，"引起猛烈火灾"⑦，"延烧房舱数十间"。⑧ 顿时，来远舰上"烈焰

---

　　① 川崎三郎：《日清战史》第七编，第四章，一四〇页。

　　② 《中日战争》第一册，二四二页。

　　③ 川崎三郎：《日清战史》第七编，第四章，一四〇——一四一页。

　　④ 《中日战争》第一册，二四二页。

　　⑤ 原来靖远和致远为姊妹舰，来远和经远为姊妹舰，靖远与来远炮型、吨位、速力等均不同。

　　⑥ 《中日战争》第三册，一三四页。

　　⑦ 《中日战争》第一册，二四二页。

　　⑧ 《中日战争》第三册，一三四页。

腾空，被猛火包围。但舰首炮依然发射，士卒奋力救火。此时，机器室内火焰升腾，不得已将通风管密闭，黑暗中由上甲板向焚火室传达命令仅靠通风管传话。全舰将士不顾二百度之高温，始终坚守岗位，恪尽职守"。① 来远舰将士这种艰苦卓绝的斗争精神和视死如归的英雄气概，赢得了全军将士的赞佩，连当时在作战海域附近"观战"的外国海军官兵也无不视为奇迹。"战后，来远驶归旅顺，中外人士目睹其损伤如此严重，尚能平安抵港，皆为之惊叹不置。"②

与此同时，靖远也中弹十余颗，特别是"水线为弹所伤，进水甚多"③，情况十分危急。在此紧急关头，为了修补漏洞和扑灭烈火，并使定远和镇远得以专力对敌，靖远、来远二舰便冲出敌舰的包围，驶至大东沟西南的大鹿岛附近，以吸引日舰第一游击队离开作战海域。果然，日舰第一游击队尾随而来。而在此时，靖远、来远二舰早已抢先占据有利的地势，背靠浅滩，一面抓紧灭火修补，一面用舰首的重炮瞄准敌舰。日舰第一游击队害怕吃亏，不敢靠近，只是来回遥击，丧失了自由机动的能力，这就使靖远、来远二舰赢得了修补、灭火的时间。

此时，在战场上，北洋舰队仅剩定远、镇远二舰，同日舰本队松岛、千代田、严岛、桥立、扶桑五艘猛烈搏斗。敌人视定远、镇远二舰为眼中钉，"其所欲得而甘心者，亦惟定镇二船"。④ 定远、镇远二舰虽处在五艘敌舰的包围之中，"药弹狂飞，不离左右"⑤，但全体将士高度发扬了果敢沉着的战斗精神。在敌舰炮火的猛烈轰击下，"各将弁誓死抵御，不稍退避，敌弹霰集，每船致伤千余

---

① 川崎三郎：《日清战史》第七编，第三章，六六页。
② 川崎三郎：《日清战史》第七编，第三章，六六页。
③ 《中日战争》第三册，一三四页。
④ 《中日战争》第一册，一六九页。
⑤ 《中日战争》第一册，一六九页。

处，火焚数次，一面救火，一面抵敌。"① 连日方记载也不得不承认这样的事实："定远、镇远二舰顽强不屈，奋力与我抗争，一步亦不稍退。""我本队舍其他各舰不顾，举全部五艘之力量合围两舰，在榴霰弹倾注下，再三引起火灾。定远甲板部位起火，烈焰汹腾，几乎延烧全舰。镇远前甲板殆乎形成绝命大火，将领集合士兵救火，虽弹丸如雨，仍欣然从事，在九死一生中毅然将火扑灭，终于避免了一场危难。"② 敌人甚至用望远镜观测到，镇远舰上有一名军官正在"泰然自若地拍摄战斗照片"。③ 可见，尽管战斗环境险恶丛生，中国将士始终怀着必胜的信心。

在这场你死我活的搏斗中，右翼总兵定远管带刘步蟾肩负重任，指挥得力。他"早年去英习海军，成绩冠诸生"④，"涉猎西学，功深伏案"⑤。归国后，"海军规划，多出其手"⑥，是中国最早的海军人才。刘步蟾富有爱国思想，曾多次对觊觎北洋舰队领导权的洋员展开斗争。⑦ 在战前即曾对人说："苟丧舰，将自裁。"⑧ 刘步蟾代替身负重伤的提督丁汝昌督战，"表现尤为出色"。⑨ 他"指挥进退，时刻变换，敌炮不能取准"。⑩ 全舰将士上下一心，勇摧强敌。定远舰的水手们有口皆碑："刘船主有胆量，有能耐，全船没有一个孬种！"⑪ 据日方记载，定远对日舰"配备大口径炮之最新式诸巡洋舰毫不畏惧"，"陷于厄境，犹能与合围之敌舰抵抗。

① 《中日战争》第三册，一三五页。
② 川崎三郎：《日清战史》第七编，第三章，七〇页。
③ 川崎三郎：《日清战史》第七编，第三章，七一页。
④ 李锡亭：《清末海军见闻录》。
⑤ 《中日战争》第七册，五四四页。
⑥ 《清史稿》，刘步蟾传。
⑦ 参考拙作《应该为刘步蟾恢复名誉》，《破与立》一九七八年第五期。
⑧ 《中日战争》第六册，六七页。
⑨ 李锡亭：《清末海军见闻录》。
⑩ 《中日战争》第三册，一三五页。
⑪ 据《定远舰水手陈敬永口述》，（一九五八年）。

定远起火后，甲板上各种设施全部毁坏，但无一人畏战避逃。"① 有的水手负伤后，"虽已残废，仍裹创工作如常。"②

左翼总兵镇远管带林泰曾，早年亦去英国学习海军，他在海战中表现也很突出。在他的指挥下，镇远舰与定远舰密切配合，战绩卓越。据日方记载："镇远与定远的配置及间隔，始终不变位置，用巧妙的航行和射击，时时掩护定远，奋勇当我诸舰，援助定远且战且进。"③ 定远、镇远二舰之所以能够与日舰本队五舰"相搏，历一时许"④，始终坚不可摧，镇远舰广大将士是作出了贡献的。在这关系到全舰生死存亡的紧急时刻，林泰曾指挥沉着果断，"开炮极为灵捷，标下各弁兵亦皆恪遵号令，虽日弹所至，火势东奔西窜，而施救得力，一一熄灭。"⑤ 全舰水手中，争先杀敌、前仆后继的事迹真是层出不穷。舰上十二英时炮的一名炮手"手握牵索进行瞄准，突来一弹将其头截断，头骨粉碎，遂仆侧，身旁一士兵立即上前，将无头之身躯拥抱交于身后一兵，而自己则紧握牵索进行修正和发射。"⑥ 舰上有一名少年新水手，乃某炮手之幼弟，亦"参加此次航海，战斗开始时被分配在露炮塔之炮后某位置。他热心职事，毫不畏惧。已而炮手负伤，他立将其兄扶至甲板下施以绷带，使之安心养伤，然后再回到自己岗位坚持战斗。"⑦ 这两兄弟并肩抗敌的英雄事迹，后来在北洋舰队中传为佳话。裴利曼特事后评论说：日军"不能全扫乎华军者，则以有巍巍铁甲船两大艘也。"⑧ 这是符合当时的实际情况的。

战至下午三点半前后，当定远与日本旗舰松岛号相距大约两千

---

① 川崎三郎：《日清战史》第七编，第三章，七〇—七一页。

② 《中日战争》第六册，五〇页。

③ 川崎三郎：《日清战史》第七编，第三章，七〇页。

④ 《中日战争》第三册，一三五页。

⑤ 《中日战争》第一册，一六九页。

⑥ 川崎三郎：《日清战史》第七编，第三章，七二页。

⑦ 川崎三郎：《日清战史》第七编，第三章，七二页。

⑧ 《中日战争》第七册，五五〇页。

公尺时，由定远"发出之三十公分半大炮命中松岛右舷下甲板，轰然爆炸，击毁第四号速射炮，且左舷炮架全部破坏，并引起堆积在甲板上的药包爆炸。刹那间，如百电千雷崩裂，发出凄惨绝寰巨响。俄而，剧烈震荡，舰体倾斜，烈火焰焰焦天，白烟茫茫蔽海。死伤者达八十四人，队长志摩大尉、分队士伊东少尉死之。死尸纷纷，或飞坠海底，或散乱甲板，骨碎血溢，异臭扑鼻，其惨憺殆不可言状。须臾，烈火吞没舰体，浓烟蔽空，状至危急。虽全舰尽力灭火，轻伤重伤者皆跃起抢救，但海风甚猛，火势不衰，宛然一大火海。"① 伊东祐亨为了挽救该舰的沉没，一面亲自指挥船员灭火，一面下令"将军乐队等非战斗人员补为炮手。"② 半小时后，松岛上的烈火虽然熄灭，但其舰上的设施摧毁以尽，已经丧失了指挥和战斗的能力。四点十分，松岛发出信号："各船随意运动！"③ 实际上，这是一个撤退的信号。于是，日舰本队各舰便竭力摆脱定远、镇远二舰，向东南方向逃逸。

海战的第三个回合，从下午三点到四点零十分，历时七十分钟。在此阶段中，定远、镇远二舰力挽危局，重创敌舰，终于化被动为主动，使日舰本队不敢顽抗而逃逸。

四　转败为功——海战的第四个回合

战至下午四点十分，日舰本队向东南方向逃逸，但在定远、镇远二舰从后追击下，又回头复战。

日舰本队为什么逃而复回呢？《中倭战守始末记》说："倭船五艘向东逃遁，我中国定远、镇远二船，随后追袭，倭军见追者仅有二船，遂复转轮酣战。"④ 事实并非如此。因为定远、镇远二舰已经与日舰本队激战了一个多小时，并不是敌舰这时才发现"追

---

① 川崎三郎；《日清战史》第七编，第四章，一五七页。
② 川崎三郎：《日清战史》第七编，第四章，一六一页。
③ 川崎三郎：《日清战史》第七编，第四章，一六一页。
④ 川崎三郎：《日清战史》第七编，第三章，四三页。

者仅有二船"的。日方记载中倒透露了一点事实："我舰队攻击力稍松弛，向东南退去，定远、镇远尾追进逼，于是我本队回头再战。"① 由此可知，日舰本队不是不想逃，而是在定远、镇远二舰的"尾追进逼"下，不得已才回头复战的。据马吉芬说："我两铁甲舰对之进行追击，相距仅二、三里。"② "二、三里"，即一千多公尺。可见，日舰本队始终没有逃出定远、镇远二舰有效射程的范围。特别是定远、镇远二舰用的是舰首三十公分半口径重炮轰击，而日舰只能用十二公分口径的尾炮应战，根本无法抵御。但困兽犹斗，日舰为了自保，只得疯狂地进行反扑。"此为当日最猛烈之炮击。镇远六吋炮之弹药一百四十八发全部打尽。剩下十二吋炮用之钢铁弹只剩五发，榴弹全部射尽"。③ "舱面之所有，被日弹悉数扫去，又有一炮击毁船右大炮之机器，此炮已无从开放"。④ "定远亦陷于同样悲境"⑤，"遍船皆火，炮械俱尽。"⑥ 战到后来，"定远只有三炮，镇远只有两炮，尚能施放。"⑦ 定远、镇远二舰在弹药所剩无几的情况下，为了能够坚持到最后结束战斗，便尽量减低发射速度，"每三分钟仅放一炮。"⑧

在激烈的炮战中，日舰本队受创严重。其旗舰松岛不但"舱面之物扫荡无存"⑨，而且"舰体吃水线以下部分被击中数弹，炮手及其他人员蒙受重大损害"⑩，濒于沉没。其余四舰"或受重伤，或遭小损，业已无一瓦全"。⑪ 在定远、镇远二舰的沉重打击下，

---

① 川崎三郎：《日清战史》第七编，第三章，四五页。
② 马吉芬：《黄海海战评述》。
③ 马吉芬：《黄海海战评述》。
④ 《中日战争》第一册，一六九页。
⑤ 马吉芬：《黄海海战评述》。
⑥ 《中日战争》第一册，六八页。
⑦ 《中日战争》第三册，一三五页。
⑧ 川崎三郎：《日清战史》第七编，第三章，四四页。
⑨ 《中日战争》第一册，一七二页。
⑩ 川崎三郎：《日清战史》第七编，第四章，一八三页。
⑪ 《中日战争》第一册，一七一页。

敌人斗志涣散，无心恋战，只是来回乱窜，躲避重弹，完全处于被动挨打的局面。

下午五点钟前后，"靖远、来远修竣归队。"① 靖远舰管带叶祖珪知道定远桅楼被毁，无从指挥，便主动代替旗舰，"从旁升收队旗。"② 于是，来远、平远、广丙诸舰及福龙、左一两鱼雷艇随之，尚在港内的镇南，镇中两炮舰和左二、左三两鱼雷艇也出港会合。北洋舰队声势益振。定远、镇远二舰直到海战的最后阶段，"仍有稳固不摇之气概"，"是以将次罢战，竟若能恢复军威，而仍有自主之意也者。"③ 此时，北洋舰队已将战争的主动权掌握在自己手中了。

到下午五点半时，日舰本队多受重伤，一蹶不振，又见北洋舰队集合后，愈战愈奋，害怕被歼，便挂出"停止战斗"的信号，并且不等第一游击队会合，便立即向南逃驶。此时，太阳将沉，暮色苍茫，北洋舰队尾追数海里，因敌舰开足马力，"行驶极速，瞬息已远"。④ 遂收队驶回旅顺。

日舰本队南逃后，其第一游击队也随后赶来。直到下午六点钟，第一游击队才赶上本队。七点十五分时，伊东祐亨发现北洋舰队已停止追击，便下令停驶，"率幕僚移往桥立，以之为旗舰。"⑤ 此时，"薄暮冥冥，苍烟锁海，云涛杳渺，满目惨然"。⑥ 日本联合舰队官兵就是在这种凄惶的心情下逃离战场的。

海战的第四个回合，从下午四点十分到五点半钟，历时八十分钟。在此阶段中，日舰本队在定远、镇远二舰的尾追进逼下，不得已回头复战，企图用疯狂反扑来挽回颓势。但是，中国方面始终掌

---

① 《中日战争》第三册，一三五页。
② 《中日战争》第六册，八九页。
③ 《中日战争》第七册，五五一、五五〇页。
④ 《中日战争》第三册，一三五页。
⑤ 川崎三郎：《日清战史》第七编，第四章，一六一页。
⑥ 川崎三郎：《日清战史》第七编，第四章，一六一页。

握了战争的主动权，终于"以寡敌众，转败为功"①，最后迫使敌舰仓皇南逃。历时近五个小时的大东沟海战，至此乃告结束。

现将四个回合的战况列表于下页，以供参考。

第四节　谁是海战的胜利者

黄海海战的胜利究竟属于谁？历来议论纷纭，迄今未有定评。

回 合	时间	战　况
第一个回合	12：50	日本第一游击队头舰吉野与定远相距五千三百公尺时，定远向吉野先放第一炮，炮弹落于吉野舷左一百公尺海中。
		两军开始相接，北洋舰队形成"人"字形的燕翦阵。
	12：53	吉野被击中，炮弹穿透甲板在甲板上爆炸。
	12：55	日舰开始回击，定远桅楼被毁。
		松岛舰首三十二公分炮塔被击中。
		日舰第一游击队左转舵，绕攻北洋舰队右翼超勇、扬威二舰。
		超勇中炮起火，不久焚没。
		扬威中炮起火后，又复搁浅。
	13：04	定远一炮击中松岛一炮座附近，歼其炮手多名。
	13：10	日舰本队后继之比睿、扶桑、西京丸、赤城诸舰因速力迟缓，被北洋舰队"人"字阵之尖所切断。
		比睿见处境危殆，从定远和靖远之间闯入中国舰群，被定远之三十公分半炮弹击中，三宅贞造大军医等十九人毙命。

---

① 《中日战争》第三册，一三五页。

回　合	时　间	战　况
第一个回合	13：25	赤城中弹累累，舰长海军少佐坂元八郎太被击毙，舰上将校伤亡殆尽。
		西京丸发出求救信号，日舰第一游击队回航来救。比睿、赤城皆逃离战场。
第二个回合	13：30	日舰第一游击队回航后，日舰本队也绕至北洋舰队背后，对北洋舰队采取夹击的形势。
		北洋舰队背复受敌，处境转为不利。
	14：30	停泊大东沟港口的平远、广丙二舰前来参加战斗，鱼雷艇福龙、左一也开到作战海域。
		平远之二十六公分炮命中松岛中央水雷室，打死其左舷鱼雷发射手四人。
		平远中弹起火，转舵驶向大鹿岛，暂避敌锋，以扑灭烈火。广丙随之。
		西京丸受重伤，舵机失灵。
	15：00	日舰第一游击队采取"左右环裹而攻"的战术。
		致远舰正和吉野相遇，管带邓世昌为了保证全军的胜利，毅然下令怒冲吉野，不幸中雷，机器锅炉迸裂，顷刻沉没。
		济远见致远沉，转舵逃跑，误撞搁浅之扬威，扬威立沉于海。
		广甲继逃。
		日舰第一游击队又围攻经远，经远奋勇抵抗，拒战良久，终于中炮起火，在烈焰中沉没。
第三个回合	15：05	福龙号鱼雷艇对西京丸发射鱼雷两枚，未中。
		西京丸逃离战场。
		双方舰队分为两群同时进行战斗：日舰本队缠住定远、镇远二船；第一游击队则围攻靖远、来远二舰。

续表

回 合	时间	战　　况
第三个回合	15：20	来远中弹，引起猛烈火灾。
		靖远舰水线中弹而进水。
		靖远、来远二舰驶往大鹿岛附近，进行修补灭火，并将日舰第一游击队引离作战海域。
		定远、镇远二舰奋战日舰本队。
	15：30	定远三十公分半大炮命中松岛，松岛受重创，并引起猛烈火灾，死伤八十四人。
	16：10	日舰本队向东南方向逃逸，定远、镇远二舰追击。
第四个回合	16：20	日舰本队在定远、镇远二舰的尾追紧逼下，不得已回头复战。
	17：00	靖远、来远二舰修竣归队。
		靖远代旗舰挂出收队旗。
		平远、广丙、福龙、左一随后驶至。港内镇南、镇中二炮舰和左二、左三两鱼雷艇也出港会合。
		北洋舰队声势益振。
	17：30	日舰本队多受重伤，一蹶不振，一面招第一游击队来会，一面向南驶逃。
		北洋舰队尾追数海里，因敌舰行驶极速，已经远逃，遂收队驶回旅顺。

　　海战之后，日本军方头目极力弥补损失，反诬北洋舰队先退，夸称大捷。日本宣传机关也大肆宣扬"日舰得保凯旋"。① 对此，当时即有人揭露说："日本各舰所受损伤，据日人自称，极鲜极微，殊不知日队归航之时常尽作伪之能事，将被弹之孔，用涂色帆布加以隐蔽，令外人无从见其受伤，致世人不明真相，多误信之。反之，中国受伤舰抵旅顺后，泊于东港，不事隐讳，

————————
① 《中日战争》第三册，一一八页。

任人观览。"① 甚至有人指出："每战必讳败为胜"，乃日本侵略者的惯用伎俩。②

另外，从当时的中外舆论看，大体有两种说法：一谓中日双方损失相当，如称"海军一战，中日船伤人毙，彼此相敌"③；一谓中国方面获胜，如称"虽互有损伤，而倭船伤重先退，我军可谓小捷"④，甚至认为中国此战"获全胜，大壮海军之色。"⑤ 另外，在日本海军内部，私下里也有"自言败仗"⑥ 的，未敢以胜利者自居。

评价如此不同，究竟以何者为是呢？对于这个问题，不能简单地作出回答，而需要作全面的分析。

首先，双方舰队到黄海的目的是不同的：北洋舰队是为了护运刘盛休的八营铭军从大东沟登岸；日本联合舰队是为了寻找北洋舰队决战，以实现其"聚歼清舰于黄海中"的狂妄计划。⑦ 仅就完成任务这一点说，北洋舰队是胜利地做到了；而日本联合舰队则未做到，所以是失算了。

其次，在这历时近五个钟头的海战中，最后是日本联合舰队势穷力尽而先逃的。对此，日本方面极尽掩饰之能事，却不能不露出马脚来。试看伊东祐亨关于黄海海战的两次报告。第一次，报告是在九月十八日给日本天皇的，内称："维时日已将落，中国舰队退至威海卫，我船随之而行。"⑧ 饶有

---

① 马吉芬：《黄海海战评述》。

② 川崎三郎：《日清战史》第七编，第三章，四二页。

③ 《中日战争》第三册，一一八页。

④ 《中日战争》第三册，一二四页。

⑤ 《时事新编》，论行军当严赏罚。

⑥ 《中日战争》第三册，一三〇页。

⑦ 或据李鸿章大东沟战状摺中的一段话："内有一船系装马步兵千余，将由大孤山登岸，袭我陆路后路，竟令全军俱覆。"（《中日战争》第三册，一三五页）便认为日本海军的目的是护运陆军。其实，这是一种讹传。所谓"一船"，即西京丸，并未沉没。当时日本第一军尚未渡鸭绿江，也不会派一千余陆军到大孤山登陆。

⑧ 《中日战争》第一册，一七一页。

趣味的是，伊东在这里不说北洋舰队"逃"，而说"退"；不说日本联合舰队"追"，而说"随"。用词是颇费斟酌的。然而，他又说北洋舰队"退至威海卫"。这就说明他根本不知道北洋舰队回到旅顺了。因为海战是头一天发生的，而日本联合舰队又是先逃的，伊东还来不及探悉北洋舰队的去向，所以只好这样猜测了。第二次报告，是在九月二十一日给日本大本营的，内称："此时镇远、定远与诸舰会合，本队与先锋队相距甚远，且已渐日暮，于是停止战斗。我召回先锋队，时午后五时半已过。其时见敌指向南方，向威海卫方向逃走。"① 仅仅过了三天，伊东的语气就变了，北洋舰队也由"退"升级为"逃"了。但是，他终究掩盖不了日本联合舰队先"停止战斗"的事实。另外，据《日清战争实记》，日舰本队"停止战斗"是在下午五点半钟，"先锋队来会"是在六点钟，"各舰一齐前进，尾随敌舰去路"是在七点钟。② 如果北洋舰队是败逃的话，为什么日舰要过一个半小时才去尾追呢？可见，伊东的话纯系自欺欺人之谈。事实上，在黄海海战中逃跑的不是北洋舰队，而是日本联合舰队；而且日本联合舰队逃跑不是一次，而是两次。③ 由此可知，日本联合舰队是在北洋舰队的打击下，受创严重，已经气衰力竭，无力再战，不得已而逃走的，焉能漫夸胜利？仅就海战的结局而言，日本联合舰队的进攻是遭到了挫败，而北洋舰队的抵御则是取得了成功。

最后，从海战中双方所受的损失看，北洋舰队却是大于日本联合舰队的。在这次海战中，北洋舰队损失了致远、经远、超勇、扬威四舰。④ 其中超勇、扬威二舰，均为一千吨级的旧式巡洋舰，是

---

① 《中日黄海海战纪略》，《海事》第八卷，第五期。
② 《中日战争》，第一册，二四一页。
③ 参本书第五章，第三节。
④ 广甲系逃跑后搁浅，次日被击沉，并非海战中沉没的。

八十年代初下水的，舰中隔壁具用木造，故中弹起火后殊难扑灭。这两艘舰防御力特弱，乃致命的弱点，使其无法发挥战斗的作用。所以，它们的沉没，对北洋舰队来说并不是很大的损失。致远、经远二舰，是北洋舰队中最新的战斗舰，并且具有相当的战斗力。它们的沉没，对北洋舰队来说确实是严重的损失。但也应该看到，这次海战对日本联合舰队的打击也是相当沉重的。西京丸已经基本瘫痪，几乎被生俘；赤城中弹累累，大樯、舰桥均毁，引起猛烈火灾，比睿受伤严重，也几乎被俘。此三艘日舰都是在海战过程中逃跑的，这才侥幸免于沉没。此外，日本旗舰松岛损害特甚，"舱面之物扫荡无存"，"修理良非易易"，入坞后大修两个多月尚不能出坞，故伊东祐亨不得不"以八重山弥其阙"。① 其先锋舰吉野"受伤尤剧"②，舰体遭到"洞穿"。③ 浪速"弹入机舱"④，"舱面尽毁，所伤匪轻。"⑤ 但是，中日双方作一对比，北洋舰队的损失还是较重的。日本联合舰队虽然受创严重，但一舰未沉，而北洋舰队不仅丧失了致远、经远等战舰，而且牺牲了像邓世昌，林永升这样优秀的海军将领，这确实是不可弥补的损失。就此点而论，北洋舰队是失利的。

　　因此，全面地考察一下，中日双方在这次海战中是各有得失的。仅仅从某一个方面来评论胜负，都是不恰当的。实际上，这是一次未决胜负的海战。当时有人评论说："鸭绿江之战，中日未分胜负，想尚有战事也。"⑥ 这是符合实际情况的。因为经此一战，双方海军的主力皆未遭到致命的打击。日本方面只有本队受打击比较严重，而号称"帝国精锐"的日本先锋队四舰则没有

①《中日战争》第一册，一七二页。
②《中日战争》第一册，一七一页。
③ 川崎三郎：《日清战史》第七编，第四章，一二二页。
④《中日战争》第七册，五五二页。
⑤ 川崎三郎：《日清战史》第七编，第三章，四六页。
⑥ 马吉芬：《黄海海战评述》。

受到多大打击，北洋舰队则此时尚拥有定远、镇远、靖远、来远、济远、平远、广丙等战斗舰。双方都仍然保持一定的战斗力。特别是定远、镇远二舰，是日本联合舰队望而生畏的。所以，黄海海战以后，日本海军对北洋舰队的战斗力还一直存有畏惧之心，再也不敢与之直接交锋。裴利曼特说："华舰自大东沟战后，泊于旅顺口者约两礼拜。东兵过海而来，以貔子窝登陆，图攻旅顺。彼伊东者，不过逡巡策应，而于丁军门之踪迹，付诸淡忘，一若幸其不出，即已心满意足也者。既占旅顺，又任丁军门稳渡威海，伊东与之相距，仅海程七十里（指海里——引者），不知围亦不知攻也。"① 提出这一责难，是由于不了解伊东祐亨的苦衷。其实，伊东祐亨对北洋舰队何尝"付诸淡忘"，裴利曼特哪里知道他的难言之隐！伊东祐亨是心中有数的：第一，整个黄海海战的过程，特别是海战的最后两个回合，说明战胜北洋舰队良非易事；第二，如果两军再次决战，则鹿死谁手，尚难预料。出于这样的考虑，伊东祐亨只能采取静守观变的策略，以待日本陆军的配合和帮助。马吉芬说得很对："此时敌战斗力已不优于我军，盖可深信也。"②

正由于此，当时的制海权并未掌握在日本手中。黄海海战之后，日本联合舰队为什么不与北洋舰队再次直接交锋，反而要避开而行，继续采取扰袭、牵制的战术，也就不难理解了。

虽然黄海之战是一次未决胜负的海战，但它却是一曲反对帝国主义侵略的战斗凯歌，在中国人民反帝斗争史上写下了光辉的篇章。在这次海战中，北洋舰队广大将士发扬了不屈不挠的爱国主义精神，沉重地打击了日本侵略者的凶焰，粉碎了它"聚歼清舰于黄海中"的狂妄计划。英雄们可歌可泣的事迹将永远铭刻在人民的心中。

---

① 《中日战争》第七册，五四八页。
② 马吉芬：《黄海海战评述》。

第五节　附论北洋舰队阵形之得失

北洋舰队所采用的阵形究竟正确与否，历来是有争论的。一种意见持完全否定的态度，认为这种阵形"起舰队之纷乱"，"为最大失策"；① 另一种意见则持完全肯定的态度，认为这种阵形"于攻势有利""可谓宜得其当"。② 其实，这两种意见都是带有片面性的。

恩格斯指出："天才统帅的影响最多只限于使战斗的方式适合于新的武器和新的战士。"③ 丁汝昌之所以要采用夹缝雁行阵，是与它的武器装备情况有关的。当时军舰上的重炮皆在舰首。据统计，北洋舰队十舰共拥有重炮二十六门，其中除广甲一舰没有重炮外，其余九舰各备有二至四门重炮不等。日本联合舰队十二舰共拥有重炮十七门，其中有五艘没有重炮，而在七艘有重炮的军舰中，配备也极不均匀，松岛、严岛、桥立三舰才各有重炮一门，无法组成猛烈的排炮轰击。因此，就舰首重炮来说，北洋舰队是居于领先地位的。这就是丁汝昌为什么要采用夹缝雁行阵的原因。海战开始之前，丁汝昌曾下达战斗命令，其中有一条是："始终以舰首向敌，借得保持其位置而为基本战术。"④ 具体地说，就是发扬舰首重炮火力为主、两舷轻炮火力为辅的战术。毫无疑问，这一战术是适合北洋舰队的武器装备情况的。有人认为，人字阵"限制了齐射火炮的数量"，"不能发挥北洋舰队的全部火力"。⑤ 这种看法，显然是不正确的。因为一个舰队无论采用何种阵形，都不可能同时

---

① 《中日战争》第六册，五一、七二页。

② 见《海事》第九卷，第十二期。按：丁汝昌下令改为夹缝雁行小队阵，实则是以人字阵接敌的。

③ 《马克思恩格斯选集》第三卷，二〇六页。

④ 《中日黄海海战纪略》，《海事》第八卷，第五期。

⑤ 郭沂：《黄海大战中北洋舰队的队形是否正确》，《文史哲》一九五七年第十期。

发挥"全部火力"。在海战的实际过程中，总是要根据敌我相对位置的变化而发挥军舰的部分火力，只是这"部分"有程度上的差别而已。事实上，双方舰只在实战中不会老保持互相垂直的位置，因此北洋舰队"以舰首向敌"，既能最大限度地发扬舰首重炮的火力，也可在一定程度上发挥舷侧轻炮的作用。丁汝昌在黄海海战报告中曾提到："定远猛发右炮攻倭大队，各船又发左炮攻倭尾队三船"。[①] 这就是人字阵并不会限制舷侧火力的最好证明。

对雁行阵持否定观点的人，总认为北洋舰队采用单行鱼贯或者双行鱼贯可能是有利的。这种估计也是经不起推敲的。第一，如果采用单行鱼贯阵，虽然能够全部发挥一舷轻炮的作用，但舰首重炮的火力则只能发挥一半，两相权衡，显然是不利的。而如果采用双行鱼贯阵，则发挥火力的程度又仅及单行鱼贯阵的一半。何况双方都采取纵阵，进行一舷对一舷的齐射，更会使北洋舰队处于劣势的地位。因为日本联合舰队是以舷侧轻炮为主的，速射炮又为其所独有。而北洋舰队的舷侧轻炮则较少，只有日舰的一半。这样的话，北洋舰队岂不是势必将火力优势让给敌人吗？第二，从双方舰队的速度看，北洋舰队采取纵阵也是极其不利的。众所周知，北洋舰队各舰比日本联合舰队陈旧，平均舰龄已达十年以上，实际航速大为减低。试看下表[②]：

舰名	原航速（节）	实际航速（节）
定远	14.5	12.0
镇远	14.5	12.0
经远	15.5	10.0
来远	15.5	10.0
致远	18.0	15.0

① 《中日战争》第三册，一三五页。
② 表中的实际速度系根据《甲午中日战争纪要》的资料，下表同。

舰名	原航速（节）	实际航速（节）
靖远	18.0	14.0
济远	15.0	12.5
广甲	14.5	10.5
超勇	15.0	6.0
扬威	15.0	6.0
平均数	15.6	10.8

而在日本方面，第一游击队四舰乃是其主要的进攻力量，在速度上占有极大的优势。如下表所示：

舰名	原航速（节）	实际航速（节）
吉野	22.5	22.5
高千穗	18.0	15.0
秋津洲	19.0	19.0
浪速	18.0	15.0
平均数	19.4	17.9

如果北洋舰队采用纵阵，双方必然要互作平行运动。这样，在双方航行速度几乎相差一倍，而敌炮发射速度为我之四倍的情况下，日舰的命中率必高于北洋舰队五六倍以上。至于日舰本队，虽然实际速度跟北洋舰队相差不大，但其防御能力却比北洋舰队要强。北洋舰队十舰中，只有定远、镇远、经远、来远四舰有护甲；① 而日舰本队八舰中，除赤城、西京丸以外，松岛、千代田、严岛、桥立、比睿、扶桑六船均有护甲。② 由此可知，北洋舰队真

① 定远、镇远的护甲为35.5公分厚，经远、来远的护甲为24公分厚。
② 松岛、千代田、严岛、桥立四舰的护甲均为30.5公分厚，扶桑的护甲为18公分厚，比睿的护甲为11.5公分厚。所谓护甲，是指在舰壳（5公分厚钢板）外面又装备上一层保护铁甲。

要采用单行鱼贯或者双行鱼贯的话，其舰身的受弹面积便要增加若干倍，那黄海海战的结局将不堪设想。其实，丁汝昌在决定采用雁行阵之前，并不是没有考虑过采用单行或双行鱼贯阵。汉纳根即透露过，丁汝昌是经过反复权衡才最后采用夹缝雁行小队阵的。但是，实际上，北洋舰队的夹缝雁行小队阵并未全部完成，它是以燕翦阵（即人字阵）接敌的。认为单行鱼贯阵或者双行鱼贯阵比人字阵有利的论点，是没有根据的。海战的实际过程，特别是其第一个回合，即充分证明了北洋舰队采用的阵形是基本正确的。

曾有人评论说："后翼梯阵①于攻势有利，当舰队进攻时，各舰前面均得开阔无限，且能保护旗舰；当敌舰接近或航过时，旗舰舷侧炮火可保护后续舰，而后续舰一舷炮火又可保护其次之后续舰"。② 这是说后翼梯阵有两个优点：一是有利于进攻；一是有利于保护后续舰。这样讲，是有一定的道理的。试看海战的第一个回合，日本联合舰队在北洋舰队的冲击下，被腰斩为两截，先遭失利。裴利曼特说："伊东则竟以全队之腰向丁之头，拦丁之路……奇险实不可思议。"③ 这便是后翼梯阵有利于进攻的证明。再看海战的前两个回合，位置紧靠定远和镇远的靖远、来远二舰，在激烈的炮战中得保安全，这一方面是由于二舰爱国将士的英勇善战；另一方面也有赖于主力舰一舷炮火的保护作用。这又是后翼梯阵有利于保护后续舰的证明。可见，对北洋舰队采用的阵形完全否定，是违背历史事实的。

当然，北洋舰队采用的阵形不仅不是完善无缺，而且还存在着严重的缺点。这主要表现在两个方面：第一，北洋舰队的这种阵形未能始终保持攻势。当海战进入第二个回合后，北洋舰队处于背腹受敌的情况下，便被迫由进攻转入防御。有人评论说：北洋舰队

---

① "后翼梯阵"，又称"鹰扬双翼阵"，是与"人字阵"相似的阵形。
② 《海事》第九卷，第十二期。
③ 《中日战争》第七册，五四九页。

"处于防御形势，以待敌之攻击"。① 还有，日方记载说："清舰……只能伴我舰之回转而回转"。② 皆指海战的第二回合而言。在此回合中，北洋舰队居于被动防御的地位，遭到重大的损失。考其原因，主要是丁汝昌在兵力的使用上片面地强调集中。例如，丁汝昌在黄海海战报告中即称："昌屡次传令，谆谆告诫，为倭人船炮皆快，我军必须整队攻击，万不可离，免被敌人所算。"③ 他在战斗前所下达的作战命令，其中也有一条："诸舰务于可能范围之内，随同旗舰运动之。"④ 正由于北洋舰队集中为单一的编队，因此在敌舰的夹击下陷入了被动的境地。北洋舰队在进入海战的第三个回合后，之所以能够逐渐扭转被动局面，主要是自动地将兵力分为两支，诱使敌人将兵力分散，从而打破了其钳形夹击的攻势。在这里，令人感到不解的是，在两军相接之初，北洋舰队对敌人行动的反应是很迅速的；而为什么在海战的第二个回合中处于如此不利的形势之下，反而迟迟不作出反应呢？主要的原因是桅楼被毁，无法号令全军。否则，北洋舰队是会及时采取相应的措施的。⑤ 但无论如何，北洋舰队采取单一的编队是有缺陷的。

第二，北洋舰队的编队跨度太大，致使定远、镇远二主力舰的舷侧炮火无法有效地保护两翼阵脚诸舰。据裴利曼特说：北洋舰队形成人字阵后，"舰首与舰首相距不过二链"，⑥ 即三百七十公尺左右。⑦ 这

---

① 《海事》第九卷，第十二期。
② 川崎三郎：《日清战史》第七编，第三章，六四页。
③ 《中日战争》第三册，一二九页。
④ 《中日黄海海战纪略》，《海事》第八卷，第五期。
⑤ 据北洋舰队水手回忆：在战斗中曾隐约地看到定远舰上打旗语，但在战火弥漫中看不清，故未引起注意。
⑥ 《黄海海战评论》，《海事》第十卷，第一期。
⑦ 链，英语 chain 的译名，为英国长度单位，等于二十二码，约合二十公尺。二链，即四十公尺。舰首与舰首的距离，显然不可能只有四十公尺。因此，"链"字为"锚链"之误。锚链，英语作 cable，为英国海程单位，等于六百零八英尺，约合一百八十五公尺。二锚链，即三百七十公尺。《冤海述闻》有"丁提督……复令相距四百码成犄角阵"之记载，四百码合三百六十六公尺，二者基本上是一致的。

样，从定远舰首到扬威舰首的距离，便达到一千八百五十公尺了。而日本联合舰队所采取的战术是：第一步，"左行绕攻我军右翼"；第二步，"左右环裹而攻"① 我两翼阵脚。日舰第一游击队在进攻北洋舰队两翼时，总是保持相距两千公尺左右的距离。于是，日舰与定远、镇远二舰的距离恒在三千公尺以外，定远、镇远二舰的舷侧炮火是难以发挥其保护作用的。这更说明了北洋舰队采取单一的编队是有严重缺陷的。

可以设想一下，如果北洋舰队不是采取单一编队，而是采取二重梯队，或者五五编队，或者六四编队，那么上述缺陷也许就可以避免了。因为这样一来，阵形的跨度大大减小，两翼诸舰可以得到定远、镇远二舰舷侧炮火的强有力的保护。同时，在海战的第一个回合中，照样可以取得拦腰冲散敌舰的效果。不仅如此，当敌舰绕攻侧翼阵脚时，北洋舰队之第二梯队便可迂回敌后，进行反包围，使敌人处于背腹受敌的地位。果真如此，则海战第二个回合的局面就会全然改观，北洋舰队不但不至于遭受那么大的损失，反而会取得更大的战果了。

总之，北洋舰队采用的阵形基本上是正确的，但又是存在着严重的缺陷的。

---

① 《中日战争》第一册，六七页。

第六章　北洋舰队的覆没

第一节　威海海战

黄海海战后，日本政府进一步扩大侵略战争，一面派第一军渡过鸭绿江，侵入辽宁腹地，一面派第二军在花园口登陆，进而侵占金州。由于清军守将不战而逃，日本侵略军于一八九四年（光绪二十年）十一月七日不放一枪就占据了大连湾，又于二十二日占领了北洋舰队基地之一的旅顺口。不久，日军进攻威海卫的战争便开始了。

日本侵略军进攻威海卫的目的，是想消灭北洋舰队。但是黄海海战后，北洋舰队尚拥有大小舰艇四十余艘，其中包括铁甲舰定远、镇远两艘，巡洋舰靖远、来远、济远、平远、广丙五艘，炮舰镇东、镇西、镇南、镇北、镇中、镇边六艘，以及鱼雷艇十三艘，还具有一定的实力。特别是镇远、定远两舰，其威力是日本海军早就领教过的。"其体坚牢且壮宏，东洋巨擘名赫烜。"[1] 所以，当时日本海军对北洋舰队的战斗力仍存有戒惧之心，不敢再与直接交锋，"幸其不出，即心满意足也者。"[2] 此时，日本联合舰队由于松岛、比睿、赤城、西京丸四舰伤势严重，入坞修理，不得已重新编队，将第一游击队并入本队，分为两个小队：第一小队，包括桥

---

[1]　土屋凤洲：《观镇远舰引》。

[2]　《中日战争》第七册，五四八页。

立、扶桑、浪速、吉野四舰；第二小队，包括严岛、千代田、高千穗、秋津洲四舰，以严岛为预备旗舰。从这一编队看，日本舰队显然因元气未复，不敢贸然进攻，只好对北洋舰队采取回避的方针。这样，日本军进攻威海的时间只得推迟了。

同年十月十八日，北洋舰队在旅顺船坞修理完毕，驶回威海。此时，如果趁日本松岛等尚未修复之际，捕捉战机，与日本舰队再次决战，胜败虽然预卜，但起码可给敌舰以沉重打击，不致丧失制海权。但是，李鸿章对战争完全失掉信心，根本没有决战的胆略，妄想避战保舰。他多次指示丁汝昌要"设法保船"①，说什么铁舰"能设法保全尤妙"②，"海军现船仅五六只可出海，未能大战，致再损失。"③ 并严厉警告丁汝昌，要"缘岸击贼"④，"有警时，……应率船出傍台炮线内合击，不得出大洋浪战"。⑤ 实际上是要北洋舰队深藏威海港内，把制海权拱手让给日本。北洋舰队深藏威海港内，就能保住船吗？李鸿章认为有两点把握：第一点，威海南北两口都有铁链木排封锁，并遍布水雷⑥，形成了一道"水雷拦坝"。他说："水雷拦坝得力，倭船必不敢深入。"⑦ 后来事实表明，"水雷拦坝"并不能使威海港口成为不可逾越的天堑。第二点，有两位"挟奇技来投效"⑧ 的洋人来到威海，这就是自愿来中国报效的美人晏汝德和浩威。李鸿章竟相信他们"包在洋面轰毁敌船二三只"的谎语。⑨ 其方法是，"用药水装管，镶配船后，用机喷出，发烟使敌闻烟气闷即退"，"如不能捉，即专毁沉。"⑩ 事

①《中日战争》第四册，三二〇页。

②《中日战争》第四册，三一七页。

③《中日战争》第四册，三一一页。

④《中日战争》第四册，三二〇页。

⑤《中日战争》第四册，三〇二页。

⑥ 参考拙作《中日甲午威海之战》，三五—三六页。

⑦《中日战争》第四册，三二〇页。

⑧《中日战争》第三册，二五九页。

⑨《中日战争》第四册，三〇八页。

⑩《中日战争》第三册，二六九页。

实终于揭穿了这个骗局。由于李鸿章把保船的希望寄托于虚无缥缈的幻想，便只能坐视战机丧失了。

当时，丁汝昌是积极主战的，但受制于李鸿章的"保船"命令，无法有所作为。旅顺口危急时，丁汝昌曾亲至天津，请求率舰队全力救援旅顺，与日本舰队决战。为此，他反挨了李鸿章的一顿斥责："汝善在威海守汝数只船勿失，余非汝事也。"① 及至日本舰队掩护其陆军第二军在荣成龙须岛登岸时，清政府曾拟出一项作战计划："闻敌人载兵皆系商船，而以兵船护之；若将定远等船齐出冲击，必可毁其多船，断其退路，此亦救急之一策。著李鸿章速筹调度为要。"② 丁汝昌请求率舰迎击，但又被李鸿章所阻止。当时即有人指出："倭虏之在荣城（成）登岸也，丁军门见其来势汹汹，知必有进犯威海之意，与其安坐待围攻，曷若潜师而起，迎头痛击……〔北洋某大宪〕乃谨慎太过，流于畏怯，既无大臣任事之勇，又无相机决战之谋，惟复以不许出战，不得轻离威海一步，并有如违令出战，虽胜亦罪之语。"③ 在这种情况下，丁汝昌并未因此而松懈斗志。当清政府正通过美国向日本试探求和条件的时候，丁汝昌对日本侵略者的野心始终有所警惕，他认为"铤而走险是其惯习，宜更防其回扑我境"④，并提出了"及时纾力增备"⑤的正确主张。丁汝昌敢于同他的顶头上司唱反调，以抵制其错误方针，这在当时确实是难能可贵的。

由于李鸿章的错误指挥，北洋舰队未能相机与日本舰队决战，致使日本海军能够很快地歇过气来。不久，日本的松岛、比睿等舰便修好归队了。当时，日本正处于重重困难之中，"内外形势，早

---

① 《中日战争》第一册，六九页。
② 《中日战争》第三册，三四〇页。
③ 《时事新编》初集，第四卷。
④ 丁汝昌：《致戴孝侯书》四。
⑤ 丁汝昌：《致戴孝侯书》五。

已不许继续交战"①，急于缔造和约。为了迫使清政府在更加苛刻的条件下接受和约，日本政府决定进攻威海卫，以围歼北洋舰队。但是，日本军事当局知道从正面攻占威海是极端困难的，于是又施展其包抄后路的惯伎。一八九五年（光绪二十一年）一月二十日，日本陆军第二军在二十五艘军舰和十六艘鱼雷艇的掩护下，开始在荣成龙须岛登陆。三十日，日军便对威海南帮炮台发起了进攻。

与此同时，日本海军也对刘公岛、日岛及威海港内的北洋舰队发动了进攻。日本联合舰队将战舰分为五队：松岛（旗舰）、千代田、桥立、严岛四舰为本队；吉野、高千穗、秋津洲、浪速四舰为第一游击队；扶桑、比睿、金刚、高雄四舰为第二游击队；大和、武藏、天龙、海门、葛城五舰为第三游击队；筑紫、爱宕、摩耶、大岛、鸟海五舰为第四游击队。另有鱼雷艇三艇队：第一艇队六只；第二艇队六只；第三艇队四只。

进攻前，日本联合舰队司令伊东祐亨下达了如下的命令：第一，陆军第二军攻击南帮炮台时，第三、第四游击队专力炮击南帮炮台、刘公岛东泓炮台和日岛炮台，以进行支援。如果北洋舰队出动，则乘机诱出港外，主战舰队之本队及第一、第二游击队从作战不利的位置退却，在威海港外海面上进行适宜运动，准备与之作战。第二，当北洋舰队出港后，以第三、第四游击队组成陆战队，乘机攻占刘公岛。第三，第一、第二鱼雷艇队与主战舰队共同行动；如果北洋舰队出战，则乘机袭击。第三鱼雷艇队停泊于南帮炮台附近海面，夜间则破坏拦坝，向港内突进；白天则乘机攻击。②

在日本侵略军海陆夹攻的情况下，丁汝昌亲登靖远舰③，率镇南、镇西、镇北、镇边诸舰支援南帮炮台守军，并命令其他各舰与刘公岛、日岛炮台互相配合，专力守御威海南北两海口，以防止日

① 日本外交大臣陆奥宗光语。参考拙作《中日甲午威海之战》，四九页。

② 日本海军司令部：《廿七八年海战史》下卷，第一〇章，八五页。

③ 因定远舰吨位太大，吃水深，在威海港内无法驶近海岸，故以靖远舰为临时旗舰。

本海军的突袭。威海南帮炮台守军在北洋舰队的支援下，有力地打击了疯狂进犯的敌军。因为日本陆军首先进攻的是南岸后路炮台摩天岭炮台，丁汝昌便发射排炮，给以强有力的支援。在北洋舰队的猛烈轰击下，日军左翼队司令官陆军少将大寺安纯中炮毙命。同时，皂埠嘴炮台也击沉日舰一艘。① 当日军在付出重大代价后攻上皂埠嘴炮台时，丁汝昌决心不使台上的重炮为敌所利用，便命令鱼雷艇载敢死队炸台毁炮，致使"炮台突然坍塌，台上日兵飞入空中"② 了。最后，南岸守军仅剩七八百人，被日军包围于南帮炮台西侧的杨家滩一带。恰在此时，丁汝昌又率诸舰驶近海岸救援，出敌不意突放排炮，敌军死伤惨重，仓皇后退。南岸守军余部乘机从杨家滩海套脱圈而出，使日军全歼南岸守军的计划归于落空。

在一月三十日的海战中，日本海军不但没有得到什么便宜，反而遭到一些损失，无奈何只得改为围困的办法。伊东祐亨下令：（一）本队及第二游击队在鸡鸣岛外作单纵阵，各舰约相隔二海里，南北以三十海里划线作旋回运动；（二）第二游击队在威海北口约二十海里处划线作单纵阵，各舰约以二海里距离作左旋回归运动；（三）第三、第四游击队在鸡鸣岛附近停泊或回荣成湾，作为后备队。③ 这样，海战便暂时停息。这是威海海战的第一次战斗。

此后三天中，日本联合舰队因天气不好，再未发动进攻。据日方记载："三十一日午后，风雪大作，海浪高起，寒威亦甚，炮门往往结冰不能使用，舰队不得已退到荣成湾方面，只留第三游击队守住港口。"④ 但是，南帮炮台既为日军占领，敌人遂以龙庙嘴、鹿角嘴二炮台轰击港内的北洋舰队。广丙舰大副黄祖莲"中炮阵

---

① 参看拙作《中日甲午威海之战》，六六页。按：清方记载有"打沉赵北嘴（皂埠嘴）南沙滩战船一只"（《中日战争》第三册，三六一页）之语，虽未注明战舰名称，但与调查材料是一致的。

② 《中日战争》第一册，一八九页。

③ 日本海军军令部：《廿七八年海战史》下卷，第一〇章，八五页。

④ 《中日战争》第一册，二七一页。

亡"。① 丁汝昌为解除敌军海陆夹攻的威胁，于一月三十一日派来
远、济远二舰猛轰鹿角嘴和龙庙嘴，将这两座炮台共八门大炮全部
摧毁。② 同时，丁汝昌知道北帮炮台必失无疑，于二月一日亲往威
海北岸布置炸毁北山嘴、黄泥沟、祭祀台三座海岸炮台，以防为敌
所用。次日，丁汝昌又派鱼雷艇焚毁威海北岸的渡船。这些措施，
无疑都是必要的。

二月二日，风煞雪停，天气转晴。当天，日本陆军第二师团第
四混成旅团从西门进入威海卫城，并分队进占北帮炮台。威海陆地
遂全被敌军占领。北洋舰队失去后防，只有刘公岛、日岛二岛尚可
依恃。于是，伊东祐亨下令于二月三日发起第二次海上进攻，企图
一举歼灭北洋舰队。

日本联合舰队的部署是：由第一游击队警戒威海北口；第二、
第三、第四游击队轰击刘公岛及日岛炮台；本队在威海港外策应。
这时，日军已将皂埠嘴炮台的一门二十八公分口径大炮修复，与海
军配合，夹击港内的北洋舰队。"是时，威海卫港附近各地均为日
军占领，北洋舰队所恃惟刘公岛、日岛诸岛，港外则有优势的日本
舰队封锁，北洋舰队实已陷入重围之中，而丁汝昌以下毫无屈色，
努力防战。"③ 双方炮战异常激烈，"巨弹交迸，坠入海中，猛响如
百雷齐发，飞沫高及数丈。"④ 战至下午一点钟时，日舰筑紫被炮
弹击中，"左舷穿透中甲板"，"舰体损坏"。⑤ 下午两点半钟，日
舰葛城亦中炮受伤。因此，尽管敌军的攻势很猛，但由于北洋舰队
和刘公岛、日岛守军的英勇抗击，双方炮战终日，日舰始终不敢靠
近威海港口。最后不得已而退走。威海海战的第二次战斗就这样结

① 《中日战争》第一册，一一六页。
② 易顺鼎：《盾墨拾余》第五卷，谓二台大炮"未得尽轰"，这是不确的。见拙
作《中日甲午威海之战》，八八页。
③ 日本海军军令部：《廿七八年海战史》下卷，第十一章，一九九页。
④ 《中日战争》第一册，二七一页。
⑤ 日本海军军令部：《廿七八年海战史》下卷，第一〇章，八五页。

束了。

日军的第二次进攻被击退后，伊东祐亨知道从正面进攻刘公岛、日岛及港内的北洋舰队，是不会有多大效果的，于是决定采用鱼雷艇偷袭的办法。二月三日夜间，伊东祐亨派鱼雷艇切断靠近龙庙嘴的拦坝一段。次日，日岛炮台守军发现这一情况，当即向丁汝昌作了报告。丁汝昌认为敌人此举绝非偶然，必是其鱼雷艇准备偷袭，因此戒备益严。但是，水雷拦坝已被破坏一段，敌鱼雷艇能够随意出入，且港湾水面宽阔，敌人要是选择有利时机偷袭，是防不胜防的。

果然，二月五日晨，日本鱼雷艇便从拦坝缺口入港实行偷袭。入港偷袭的日本鱼雷艇有两个艇队：第二艇队，由二十一号（司令艇）、八号、九号、十四号、十九号、十八号六艇组成；第三艇队，由二十二号（司令艇）、五号、六号、十号四艇组成。敌军的计划是：以第三艇队为先锋队，先吸引北洋舰队的注意力，以掩护第二艇队偷袭；第二艇队为突袭队，利用夜幕可以隐蔽的条件，沿威海海岸北行，潜至北洋舰队数百公尺处，伺机放雷。夜三点半钟，月落天暗，日本第三艇队先驶至北洋舰队正面，由二十二号艇连续施放鱼雷两尾。北洋舰队各舰急相警惕，开炮鸣警。敌二十二号艇急忙转头南逃，误触暗礁，艇遂倾覆，艇上多人溺水。

当时，北洋舰队七艘战舰正停泊在刘公岛西南海面上，按东西排列摆成虾须阵。旗舰定远的位置适在铁码头西侧，丁汝昌正在舰上与诸将彻夜议事。当发现敌鱼雷艇偷袭时，丁汝昌与管带刘步蟾等急登甲板，以观察敌艇行动。这时，各舰炮火齐鸣，但一物未见。为了发现敌舰所在，丁汝昌乃下令停止炮击。及至硝烟消散，始发现舰左舷正面约半海里海面上，似有黑影。凝睛细察，无疑为日本鱼雷艇，数共两只。其中一只后来查明为敌第二艇队的第九号艇，已靠近定远舰三百公尺处，并正将艇身向左方回旋，似要施放鱼雷。定远舰急瞄准发炮，一炮命中，敌艇爆炸破裂。不料几秒钟后，定远舰底轰隆一声巨响，舰身随之剧烈震动，海水突然从升降口喷出。刘步蟾急令砍断锚链，向南航行。定远绕过铁码头后，又驶至刘公岛东南海岸浅滩处搁浅。这样，才使定远舰没有沉没，并得"作水炮台"①用，以继续发挥保卫刘公岛和港内诸舰的作用。此后，丁汝昌便将督旗移至镇远舰。

五日天明后，伊东祐亨获悉定远中雷，以为机会难得，下令对威海港发动第三次进攻。日本联合舰队本队及第一、第二、第三、第四游击队共二十二艘战舰，环绕于威海南北两口之外，进行猛烈炮击。北洋舰队与刘公岛、日岛各炮台英勇抵御。炮战很久，双方"互有伤亡"。②日舰终难接近威海南北两口，只好停止进攻，退向远海。

二月六日晨四时，日本鱼雷艇使用故伎，由第一艇队小鹰、第二十三号（司令艇）、第十三号、第十一号、第七号五艇再次进港偷袭。当时，来远舰位于北洋舰队虾须阵左翼的最东端，首先中雷，舰身倾覆，舰底露出。另有练舰威远和差船宝筏也都中雷，在铁码头附近沉没。

当天下午，日本联合舰队又对威海港发动第四次进攻。此次进攻时，日本陆军预先在北岸三炮台架设快炮，与其舰队配合，夹击刘公岛及港内的北洋舰队。北洋舰队此时已有四舰中雷，特别是其中定远、来远两舰，或搁浅或沉没，确实损失严重，但北洋舰队面对优势敌人的强大攻势，仍然英勇抵御。丁汝昌一面命靖远、济远、平远、广丙四舰与黄岛炮台配合，向北岸回击；一面命其余各舰与刘公岛、日岛各炮台配合封锁威海南北两口。双方炮战很久。最后，敌舰队终被击退。

二月七日晨七时半，伊东祐亨又下令对威海港发动了第五次进攻。这是一次总攻击令。伊东祐亨决心一举攻下刘公岛，以全歼北洋舰队。日本旗舰松岛在前，以五千公尺的距离首先向刘公岛最东

---

① 《中日战争》第三册，四一三页。
② 《中日战争》第一册，一一六页。

端的东泓炮台开始炮击。北洋舰队和刘公岛、日岛各炮台坚决抵御。开战不久，松岛即被"击中前舰桥，打穿烟突"。[1] 战至八点二十分钟，其桥立、严岛、秋津洲、浪速四舰也先后受伤。不料正在这有利的时机，却发生了北洋舰队鱼雷艇逃跑事件。

原来，鱼雷艇管带兼左一管带王平与福龙管带蔡廷干等人，早就密谋逃跑。二月七日上午八点半钟，日舰已有多艘受伤，攻击力大大减弱。正在这时，鱼雷艇福龙、左一、左二、左三、右一、右二、右三、定一、定二、镇一、镇二、中甲、中乙共十三艘，以及飞霆、利顺两船，不但不趁此机会袭敌，反而从北口逃跑。这一情况的出现，使日本舰队感到突然。伊东祐亨开始认为，北洋舰队拟进行最后决战，先放出鱼雷艇扰乱日本舰队，以便乘虚突进，于是下令各舰防卫。但是，一会儿发现，这些鱼雷艇从威海北口出来后，竟沿岸向西遁逃。伊东祐亨便命令速力最大的第一游击队从后追击。结果这些鱼雷艇不是被击沉，就是被俘获，只有王平乘坐的左一号侥幸地逃到了烟台。

鱼雷艇的逃跑完全打乱了北洋舰队的防御部署，更助长了敌人的气焰。日舰本队及四个游击队轮番炮击。不久，日岛炮台的两门二十公分口径的大炮均被击毁，火药库也中弹起火，炮台上的守兵只好撤到刘公岛。

此时，威海港内仅有镇远、靖远、济远、平远、广丙五艘战舰，镇东、镇西、镇南、镇北、镇中、镇边六艘炮舰，以及练舰康济，共十二艘舰了。形势愈益危急。但是，丁汝昌指挥诸舰与刘公岛各炮台配合，仍然奋勇抵抗，决不后退。炮战中，又将日舰扶桑击中，杀伤多人。伊东祐亨见硬攻难以取胜，反而被伤多舰，只得下令停止攻击。

总之，从一月三十日到二月七日的九天间，日本侵略军接连五次发动进攻，都被击退。如果不是陆援不至和内部叛变，日本要消

---

① 日本海军军令部：《廿七八年海战史》下卷，第十章，九二页。

灭北洋舰队并不是那么容易的。

第二节　孤岛悲剧

日本侵略军企图消灭北洋舰队，以迫使清政府在最屈辱的条件下求和，是准备了两手的：一手是用兵力战胜；一手是用书信诱降。可是，它五次全力进攻都被击退，第一手没有奏效。那么，它的第二手又如何呢？

早在日军登陆龙须岛之前，伊东祐亨即策划对丁汝昌实行诱降。先是，伊东祐亨派其参谋长海军大佐鲛岛员规到金州，向日本第二军司令官陆军大将大山岩提出诱降丁汝昌的计划。一八九四年（光绪二十年）十二月十日，伊东祐亨又亲自往访大山岩，商谈诱降的具体办法。一八九五年（光绪二十一年）一月十九日，即日军登陆龙须岛的前一天，大山岩派军司令部参谋步兵少佐神尾光臣等，携带劝降书到松岛舰交给伊东祐亨。这份劝降书是根据大山岩的授意起草，由伊东祐亨署名的。劝降书炮制出来后，一时无法递交。直到一月二十五日，伊东祐亨才委托英国远东舰队司令裴利曼特转交给了丁汝昌。

伊东祐亨为什么要对丁汝昌进行诱降呢？没有别的，是因为他觉得丁汝昌有接受劝降的可能性。首先，伊东祐亨自认为丁汝昌跟他有“私交”，并且一贯对中日两国关系抱持重态度的。一八八六年（光绪十二年）七月间，丁汝昌率定远、镇远、济远、威远四舰操巡至海参崴回航，折赴长崎进坞修理。因北洋舰队水手与日捕发生口角，日捕寻衅，因而发生杀伤中国水手多人的事件。当时总教习琅威理“力请即日宣战”[①]，丁汝昌不同意这种轻率作法，坚持按法律程序解决，避免了两国间的一次武装冲突。一八九一年（光绪十七年）六月，日本邀请北洋舰队到日本进行访问。毫无疑

---

① 池仲祐：《海军大事记》。

问，其目的是观察北洋舰队的实力。当时，李鸿章派丁汝昌率定远、镇远、致远、靖远、经远、来远六艘主力战舰到日本东京，含有表示友好和制止日本扩张野心的双重意思。丁汝昌在赠日本友人的一首七律中写道："同车合书防外侮，敢夸砥柱作中流"。① 便委婉地规劝日本当局不应觊觎中国。但是，伊东祐亨却把丁汝昌的持重态度视为害怕日本。其次，伊东祐亨以为用个人的恩怨得失可诱使丁汝昌背叛祖国。丁汝昌当时的处境确实是很困难的，各方面的责难纷至沓来，后竟被朝廷递职，又要逮京问罪。丁汝昌在一封信中便透露了自己进退维谷的艰难处境和愤慨心情，他说："汝昌以负罪至重之身，提战余单疲之舰，责备丛集，计非浪战轻生不足以赎罪。自顾衰朽，岂惜此躯？……惟目前军情有顷刻之变，言官逞论列曲直如一，身际艰危尤多莫测。迨事吃紧，不出要击，固罪；既出，而防或有危不足回顾，尤罪。若自为图，使非要击，依旧蒙羞。利钝成败之机，彼时亦不暇过计也。"② 对丁汝昌当时的这种处境，伊东祐亨当然是了解的。他之所以决定要对丁汝昌进行诱降，其原因就在于此。

伊东祐亨在劝降书中，先是大谈其"友谊"："时局之变，仆与阁下从事于疆场，抑何不幸之甚耶？然今日之事，国事也，非私仇也，则仆与阁下友谊之温，今犹如昨。""仆之斯书，询发于友谊之至诚。"③ 继则谓清政府"不谙通变"而致败，"固非君相一己之罪"，对丁汝昌的处境表示同情，并劝其不值得为之而死战到底，而应待诸将来。最后，指出投降仅是权宜之计："夫大厦之将倾，固非一木所能支。苟见势不可为，时不云利，即以全军船舰权降与敌，而以国家兴废之端观之，诚以些些小节，何足挂怀。仆于是乎指誓天日，敢请阁下暂游日本。切愿阁下蓄余力，以待他日贵

---

① 宫岛粟香：《吊丁禹廷提督》注。
② 丁汝昌：《致戴孝侯书》一。
③ 《中日战争》第一册，一九五、一九七页。

国中兴之候，宣劳政绩，以报国恩。"① 这封信极尽劝诱之能事，伊东祐亨自以为是足以能打动丁汝昌的。但是，他的估计完全错了。丁汝昌接书信后，说："予决不弃报国大义，今唯一死以尽臣职。"② 坚决地拒绝了敌人的诱降，并将此书上交李鸿章，以表示自己的抗敌决心。日本方面的第一次诱降失败了。

但是，伊东祐亨并不就此死心，仍然幻想有一线的希望，于是等待时机继续进行诱降。二月三日，威海卫城及南、北两岸炮台全部被日军占领，刘公岛成为一个孤岛，北洋舰队已陷入重围之中，局势愈益险恶。伊东祐亨以为诱降的机会又来到了。一月四日，日军停止了对威海港的进攻。而恰在这时，裴利曼特再次要求进港会见丁汝昌。得到允许后，裴利曼特乘坐英国统领差船拉格兑号由镇北舰领进港内。但是，裴利曼特第二次做说客，也同样地遭到了拒绝。

事实上，丁汝昌早就抱定了誓死战斗的决心。丰岛海战后，他即对其家人说："吾身已许国！"③ 北洋舰队退守威海后，丁汝昌将海军文卷全部妥送烟台④，以防万一，并对李鸿章表示："惟有船没人尽而已。"⑤ 即使在清政府下令"拿交刑部治罪"的情况下，他以民族大局为重，不计较个人的恩怨得失，仍然"表率水军，联络旱营，布置威海水陆一切"⑥，"总期合防同心，一力固守"⑦，因而赢得了海陆两军广大将士对他的信赖。

日本侵略军头目大山岩和伊东祐亨看到硬攻攻不下，诱降又不成，便决定采取长期围困的办法，以消耗北洋舰队的力量，促使其内部发生变化。此后，日军每天海陆两路轮番轰击刘公岛和港内的

---

① 《中日战争》第一册，一九五——一九七页。
② 日本海军军令部：《廿七八年海战史》下卷，第一一章，第一节。
③ 施从滨：《丁君旭山墓表》。
④ 《中日战争》第三册，四四〇页。
⑤ 《中日战争》第四册，三一六页。
⑥ 《中日战争》第三册，二六七页。
⑦ 丁汝昌：《致戴孝侯书》三。

北洋舰队。二月八日天明后，日军即开始炮击刘公岛及港内北洋舰队。刘公岛上的水师学堂、机器厂，煤厂及民房均遭毁伤。此时，港内北洋舰队的战舰仅余镇远、靖远、济远、平远、广丙五艘，虽竭力还击，终究寡不敌众。炮战中，靖远舰中弹甚多，"伤亡四十余人。"① 丁汝昌感到情况危急，单凭刘公岛一座孤岛势难久守，当时惟一的希望是陆路有援军开来。他相信，只要陆上援军来到，水陆夹击，则刘公岛之围立即可解。因此，他派了一名可靠的水手怀密信凫水到威海北岸，潜去烟台向登莱青道刘含芳求援。

　　在这危急的时刻，北洋舰队中一部分洋员却在刘公岛上的俱乐部里开会。他们认为"图谋恢复已不可能，乃派人向丁汝昌说知。"② 所派的人就是原定远副管驾英人泰莱和陆军教习德人瑞乃尔。当事人泰莱回忆此事经过说："瑞乃尔与余以夜二时往见提督，说明现在之境地，并劝其可战则战，若兵士不愿战，则纳降实为适当之步骤。"③ 他们还以"保全兵民"为名，把话说得非常娓娓动听："事势至此，徒多杀生灵，无益也，请以船械让敌，兵民尚可保全。"④ 这次劝降虽由泰莱、瑞乃尔二人出面，背后策划的则为总教习英人马格禄和美人浩威。另外，北洋海军威海营务处提调道员牛昶昞，也参加了洋员们的策降活动，并"与之商量办法"。⑤ 但是，丁汝昌坚持民族立场，决不动摇。他严词拒绝泰莱等的劝降，说："我知事必出此。然我必先死，断不能坐睹此事！"⑥ 他还向全军将士发布命令："援兵将至，固守待命！"⑦

　　北洋舰队"苦战无援"⑧，处境越来越困难。二月九日天明后，

---

①　《中日战争》第一册，一一七页。

②　日本海军军令部：《廿七八年海战史》下卷，第一一章，第一节。

③　《中日战争》第六册，六六页。

④　《中日战争》第六册，七八页。

⑤　《中日战争》第六册，六六页。

⑥　《中日战争》第一册，七一页。

⑦　日本海军军令部：《廿七八年海战史》下卷，第一一章，第一节。

⑧　《中日战争》第四册，三二二页。

日军又发动第六次进攻。其大小舰艇四十余艘全部开到威海南口外海面上排列，以战舰在前开炮，势将冲入南口。同时，又用南北两岸炮台夹击。"北岸皆子母弹，纷如雨下；南岸皆大炮开花子、钢子"，"岛舰共伤亡一百余人。"① 丁汝昌亲登靖远舰驶近南口，与敌拼战。刘公岛诸炮台也始终"欣然发炮。"② 在激烈的交战中，黄岛炮台"击毁鹿角嘴倭大炮一尊，刘公岛炮台击伤倭两舰"。③ 但战至近中午时，靖远舰被皂埠嘴二十八公分口径大炮击中，"弁勇中弹者血肉横飞入海"④，丁汝昌和管带副将叶祖珪仅以身免。靖远舰中炮搁浅，使北洋舰队的力量更为削弱。

二月十日晨四时，忽降大雪。日本鱼雷艇四艘乘雪偷进威海北口，被北洋舰队发觉，用小炮击退。到上午八点钟，南北两岸又开始炮击刘公岛和港内的北洋舰队。这是日军的第七次进攻。双方炮战持续三个多小时之久。这时，威海港内仅存战舰镇远、济远、平远、广丙四艘，炮舰镇东、镇西、镇南、镇北、镇中、镇边六艘，练舰康济一艘，共十一艘，"药弹将罄"⑤，而且"粮食亦缺乏"。⑥虽然陆上援军不来，势难久守。但只要同心协力拼战，北洋舰队还不至于几天内就全军覆没。问题是北洋舰队内部的叛变活动日益猖獗起来。马格禄等洋员与牛昶昞"已密有成议，将仍以众劫汝昌。"⑦ 这天，他们一伙煽动一些士兵起来闹事，"拥护军统领张文宣到旗舰镇远"⑧，企图以此来达到迫降的目的。牛昶昞佯为不知

---

① 《中日战争》第一册，一一七页。

② 《中日战争》第六册，六六页。

③ 《中日战争》第一册，一一七页。

④ 《中日战争》第一册，一一七页。

⑤ 《中日战争》第一册，七一页。

⑥ 《中日战争》第一册，二七二页。

⑦ 《中日战争》第一册，七一页。

⑧ 日本海军军令部：《廿七八年海战史》下卷，第一一章，第一节。按：姚锡光《东方兵事纪略》则称："拥护军统领张文宣至汝昌所。"一般都把"所"理解为"住宅"，是不正确的。此"所"字，应为"处所"之"所"，指当时丁汝昌所在的旗舰镇远。

内情，随后赶来，向丁汝昌提议召洋员议事。瑞乃尔对丁汝昌说："兵心已变，势不可为！"牛昶晒也随声附和道："众心离叛，不可复用！"丁汝昌怒斥道："汝等欲夺汝昌，即速杀之！吾岂吝惜一身？"①揭穿了他们一伙的险恶用心。当时，丁汝昌虽然仍存有陆援可至的一线希望，但也看出他们一伙并不会就此罢休。因此，他于当天下午派广丙舰用鱼雷炸沉了搁浅的靖远，以防日后为敌所得。同时，刘步蟾也用炸药炸沉了搁浅的定远。这天夜里，刘步蟾毅然自杀，实践了自己"苟丧舰，将自裁"的誓言。②

二月十一日晨三时半，日本鱼雷艇又乘风雪偷进南北两口，仍被北洋舰队发现，用小炮击退。天明后，日本各舰与南北两岸又进行水陆夹击，炮火更为猛烈。上午十点前后，日本军舰十余艘发动第八次进攻，猛冲威海南口，刘公岛东泓炮台伤其两舰，日舰始退。但是，南岸的日军大炮仍然猛轰不已。到下午一点多钟，东泓炮台两门二十四公分口径大炮均被炮火击毁，守军伤亡殆尽。当天晚上，丁汝昌接到先前所派水手的回报，始知鱼雷艇管带王平逃到烟台后，谎报刘公岛已失，陆援已告绝望。《甲午战事记》载："先是山东巡抚李秉衡方在烟台守御，闻威海急，欲截留南省勤王兵改防威海，电咨总署奏陈。值新年休沐期内，七日始得旨允如所请，然而稽延多日，各营已由烟台趋北矣。又以逃艇谎报登莱青道刘含芳，云威海已陷，刘含芳据以转告李秉衡，于是山东趋防之兵遂以径退莱州。威海舰犹日盼救兵，冀得抢复龙庙、皂埠炮台，收拾余烬，与日军再决死战。以烟威道梗不可通，丁汝昌缮函裹蜡，雇人怀之，凫水登岸，假行乞以达。犹告众以援兵不日可到，当水陆夹击以解围。至是，得复书，知希望已绝。"③ 这样，丁汝昌最后的一线希望终于破灭了。

---

①　日本海军军令部：《廿七八年海战史》下卷，第一一章，第一节。
②　《中日战争》第六册，六七页。
③　杨松、邓力群编：《中国近代史参考资料》，二七○页。

　　丁汝昌接此信后，便召集各舰管带和洋员会议，提出"鼓力碰敌船突围出，或幸存数艘，得抵烟台，愈于尽复于敌。"① 但是，马格禄、牛昶昞等早有密谋，均不答应。"汝昌使人将镇远用水雷轰沉，亦无应者。"② 马格禄、牛昶昞等竟带头自动散会，并指使一些兵痞持刀威逼丁汝昌。丁汝昌步入舱内，派人召牛昶昞来，对他说："吾誓以身殉！"并命其"速将提督印截角作废"③，以防止有人盗印投降。牛昶昞佯作应允。丁汝昌遂自杀。张文宣宁死不降，也随后自杀。

　　丁汝昌死后，牛昶昞召集诸将和洋员议降，公推护理左翼总兵署镇远管带杨用霖主持投降事。杨用霖当即严词拒绝，走进舱内用手枪自击而死。于是，牛昶昞便与马格禄、泰莱、浩威、瑞乃尔等商定，由浩威起草投降书，伪托丁汝昌名义向敌投降。④ 十二日早晨，广丙管带程璧光乘镇北舰将投降书送到日本旗舰松岛号。十四日，牛昶昞与伊东祐亨在松岛舰签订《刘公岛降约》十一条，规定将镇远、济远、平远、广丙四艘战舰和镇东、镇西、镇南、镇北、镇中、镇边六艘炮舰，以及刘公岛各炮台和岛上军资器械全部交给日本。十七日，日本联合舰队开进威海港，并在刘公岛登岸。至此，威海卫基地完全陷落。

　　北洋舰队就这样全军覆没了。

---

　　① 《中日战争》第一册，七一—七二页。
　　② 《中日战争》第一册，一一七页。
　　③ 陈诗：《丁汝昌传》。
　　④ 陈诗《丁汝昌传》："或者不察，妄谓其既降而死，朝旨褫职，藉没家产。"丁汝昌的冤案直到一九〇九年（宣统元年）才得到昭雪，"予开复给还田产"。

结 束 语

北洋舰队是中国近代最大的一支海军舰队。这支舰队从一八七九年十月开始筹建，一八八一年初步建成，到一八八八年正式成军，历时整整九年。一八九五年二月，刘公岛陷落，北洋舰队全军覆没。如果从筹建的时候算起，这支舰队仅存在十五年多的时间。

北洋舰队的筹建，正当帝国主义对中国进一步加紧侵略的时候。当时，中国人民和帝国主义国家侵略势力的矛盾，是中国社会的主要矛盾。特别是十九世纪七十年代以来，日本明治政府以发动对华侵略战争为其基本国策，并为此而积极扩军备战。因此，建立北洋舰队的目的，主要是抵御帝国主义的侵略。历史也完全证明了这一点。

北洋舰队是用九年时间建立起来的一支大舰队，应该说速度是比较快的。所以能够取得这样快的速度，主要是由于清政府采用了两条方针：

第一条，是造船与买船并行的方针。福州船政局是主要的造船工业基地，从一八六七年建厂起到甲午战争爆发为止，共造船三十四艘，其中十一艘拨给了北洋舰队。闽厂开始只能造几百吨的木质小炮船，后来则能造两千吨级的钢甲快船。中国有近代化的新式舰艇是从办福州船政局开始的，所以有人称之为"中国海军萌芽之始。"在北洋舰队成军之前，闽厂的造船水平并不比日本低，甚至还超过了日本。不过，与西方先进资本主义国家相比，造船工业仍然落后很多。当时，为了早日成军，从西方买了一些舰只是完全必要的。问题是，在清朝统治阶级内部，对这个方针并没有统一而明确的认识。当时大体有三种意见：（一）买船不如造船；（二）造船不如买船；（三）从暂时看，必须买船，而从长远看，则需发展自己的造船业。很显然，前两种意见不管时间和条件把问题绝对化，是片面的观点；第三种意见则是比较正确的。但是，清政府主要是摇摆于前两种意见之间，而第三种意见在当权者中间并不占优势。而日本的做法恰恰与第三种意见相同。到甲午战争前夕，日本即能仿造西方四千吨级的新式战舰，而且质量与西方也不相上下，大大超过闽厂的造船水平了。由于清政府缺少长期的发展海军的计划，后来出现"后难为继"的局面，也就并不奇怪了。

第二条，是自己培养人才为主与借才异国为辅的方针。当时为了发展海军的需要，聘请一些洋员是必要的。清政府与洋员基本上是雇佣关系，按合同办事的。海军人才主要是靠自己培养的，其来源大体上有三个途径：（一）船政学堂（水师学堂）出身的"艺童"；（二）上船学习的"船生"；（三）原来的水师人员转习海军。在这些人当中，不少的都出国学习过或考察过，熟悉海军业务，有真才实学。其中，大多数具有爱国思想。甲午战争中涌现出来的一大批著名的爱国将领，如丁汝昌、刘步蟾、林泰曾、邓世昌、林永升、杨用霖等，就是杰出的代表。他们同广大爱国士兵一起，用鲜血谱写了一曲反帝爱国的英雄赞歌。当然，其中也出了少数民族败类，如方伯谦、吴敬荣、王永发、王平、蔡廷干等，或临阵逃跑，或举舰投敌，给全军带来了极大的损害。但看其主流，当时确实培养了一批中国最早的优秀海军人才。

然而，由于清朝统治集团的腐朽，北洋舰队从成军之日起，就再没有什么发展。一八七九年以后，由于清政府在向外国订造碰快船和铁甲船的同时，对发展自己的造船工业有所忽视，因而福州船政局出现了停滞不前的局面。一八八四年马尾海战中，厂房又遭到破坏，有两年的时间出不了船。厂房修复后，生产也没有多大进展。福州船政局每况愈下，向外国买船也并不顺利。由于清朝主持买船事宜的官吏懵懂无知，上当受骗，许多船买来后根本起不了作用，如所谓"蚊子船"即其突出的一例。只有后来买进的定远等两艘铁甲船和致远等五艘快船，还比较可用。一八八八年后，清政府又决定将大量海防经费用于修建颐和园，干脆停止购舰了。不仅如此，北洋舰队的武器装备也长期得不到更新。各舰上配备的还是旧式前膛炮或后膛炮。甲午战争前夕，北洋舰队拟购速射炮十八门，需银仅五十万两左右，却限于财力，无法置办。

军火供应问题也很多，所使用的炮弹有三个问题：（一）军火制造和供应缺少计划和目的性，实心的钢弹多，能爆炸的榴弹少；（二）由于偷工减料或有人暗中捣鬼，许多榴弹导火索不导火，炸药不炸；（三）粗制滥造，质量低劣，许多炮弹上铜箍直径过大，临使用时须锉小才能填进炮膛，使本来就很低的发射速度变得更低了。黄海海战中，开战三分钟时，日舰吉野即被洞穿铁甲，后来，日舰比睿、赤城、西京丸及其旗舰松岛等也都中弹甚多。它们为什么一舰也没被炸沉，也就不难理解了。否则的话，黄海海战的结局很可能全然改观。

北洋舰队的指挥权集中于北洋大臣李鸿章一人手中，连朝廷的命令也需通过李鸿章才能生效。同样，南洋舰队也只听命于南洋大臣。黄海海战后，清政府拟从南洋舰队调南瑞、开济、寰泰三舰北上，南洋则借口长江口防务紧急而拖延不放行。① 各都自立门户，把军队看成为维护个人权势地位的资本，这正是封建军阀的特点。李鸿章说："以北洋一隅之力，搏倭人全国之师。"② 虽有为自己开脱之嫌，但也反映出一些实情。清朝海军缺乏集中领导和统一指挥，这是与日本海军大不相同之点。正由于此，任凭北洋舰队在前与敌孤军作战，而其他舰队仍可逍遥事外，与己无关。陆军也是如

---

① 直到一八九五年（光绪二十一年）冬，甲午战争早已结束，南洋开济、寰泰、镜清、南瑞、福靖五舰始到北洋。次年春，开济、寰泰、镜清，南瑞四舰又回南洋。

② 《中日战争》第三册，一一二页。

此。威海的绥、巩两军直辖于李鸿章，而威海以外的军队则归山东巡抚调度。因此，当威海卫城与南北帮炮台被日军占领后，山东各军只是远离威海之外作"游击之师"，而不愿拼力收复威海，致使刘公岛成为孤岛，发生北洋舰队全军覆没的惨剧。

北洋舰队的最后覆灭，也是李鸿章"保船避战"方针所带来的必然结果。黄海海战后，李鸿章害怕两艘铁甲船遭到损失，以"保船"为最上之策，严禁北洋舰队出海作战。这样做的结果是：（一）错过了打击日本联合舰队的战机，使日本受伤诸舰得以修复归队；（二）挫伤了北洋舰队将领们求战的积极情绪，使全军士气受到影响；（三）放弃了黄海的制海权，任敌舰纵横海上，使北洋舰队处于被动挨打的境地。根据李鸿章的"保船"命令，北洋舰队只能困守威海港内，坐待歼灭了。

北洋舰队是洋务运动的产物。北洋舰队的覆灭，标志着洋务运动的最后失败。洋务运动是中国近代采用西方资本主义生产技术发展工业的一次尝试。洋务运动的失败，给中国人民提示了两点重要的历史教训：第一，发展工业（包括民用工业和军事工业）必须有一个和平的国际环境，这个条件在当时是不具备的；第二，只想单纯地采用先进生产技术和发展生产力，而不改变生产关系以及与之有关的各种体制，是绝对行不通的，而当时走的正是这样一条绝路。

附录一:北洋舰队大事记

公元	中国纪年	大　　事
1860 年	咸丰十年	6 月,曾国藩建议清政府办海军。
1861 年	咸丰十一年	总理各国事务衙门迭次与署总税务司赫德商谈购买外国轮船。
1862 年	同治元年	春间,由赫德函令请假回国的总税务司李泰国在英国代购轮船。 7 月,李泰国在英国订购大小轮船共七艘,名之为金台,一统、广万,得胜、百粤、三卫、镇吴。 曾国藩在安庆设军械所,造小轮船一艘,但不得法,行驶迟钝。
1863 年	同治二年	总税务司李泰国代购天平轮船。 总理衙门奏定以黄质三角式旗,镶飞龙戏珠,龙蓝色、珠红色为海军旗。 9 月,金台等七船到华,由李泰国聘英人阿思本为帮统。以李泰国诸多挟制,任意要求,企图控制船队,清政府将七船退回英国变卖。
1864 年	同治三年	左宗棠找匠人在杭州仿造小轮船,试之西湖,行驶不速。
1865 年	同治四年	曾国藩于上海虹口设制造局,计划制造船、炮。
1866 年	同治五年	左宗棠奏设福州船政局于马尾,这是清朝海军萌芽之始。

公元	中国纪年	大　事
1867 年	同治六年	命沈葆桢总理船政。 　　福州船政局办求是堂艺局，招收学生，称"艺童"，在福州城内借房开课。 　　求是堂艺局迁回马尾，改称前后学堂，前学堂学制造，后学堂学驾驶。后学堂第一届学生有严复、刘步蟾、林泰曾、林永升、叶祖珪、邱宝仁、黄建勋、方伯谦等。 　　船政学堂从广东招收已通英语的学生十人，作为外学堂学生，其中有邓世昌、李和、林国祥等。 　　李鸿章将上海制造局从虹口迁至高昌庙，建造船坞，名为江南制造总局，开始造船。
1868 年	同治七年	8 月，江南制造总局制成第一号轮船，取名恬吉，后改称惠吉。
1869 年	同治八年	福州船政局制成第一艘炮舰万年清。 江南制造总局制成炮舰操江。
1870 年	同治九年	福州船政局制成炮舰湄云。
1871 年	同治十年	福州船政局派后学堂学生严复、刘步蟾、林泰曾、叶祖珪、林永升、丘宝仁、黄建勋、方伯谦等十八人，并外学堂学生邓世昌等，登建威练船实习。
1872 年	同治十一年	内阁学士宋晋以造船费重，疏请停止，不许。
1873 年	同治十二年	福州船政局制成运船海镜。
1874 年	同治十三年	4 月，日本政府派兵三千侵入台湾。 　　丁日昌拟《北洋水师章程》六条，建议设立北洋、东洋、南洋三支海军。 　　清政府任命李鸿章督办北洋海防事宜，两江总督沈葆桢督办南洋海防事宜。
1875 年	光绪元年	李鸿章令总税务司赫德在英国购炮舰龙骧、虎威、飞霆、策电四艘。

公元	中国纪年	大　事
1875 年	光绪元年	向英国订购镇东、镇西、镇南、镇北炮舰四艘。 福州船政局派后学堂第二届学生萨镇冰、林颖启等，以及第三届学生林履中、蓝建枢等，登扬武练船（由兵船改用）实习。 福州船政局派学生刘步蟾、林泰曾等到英、法游历，考察海军。
1876 年	光绪二年	春间，刘步蟾、林泰曾从英法考察回国。 龙骧、虎威两炮舰到华。 冬，福州船政局派第一届出洋学生二十六名和艺徒七名分赴英法学习，到英国学习的驾驶学生有刘步蟾、林泰曾、严复、林永升、叶祖珪、萨镇冰，黄建勋、林颖启、方伯谦等。
1877 年	光绪三年	福州船政局制成炮船威远。 龙骧、虎威两炮舰派往澎湖驻防。 飞霆、策电两炮舰到华。
1878 年	光绪四年	李鸿章派道员许钤身为水师督操，率龙骧、虎威、飞霆、策电四舰北上。 李鸿章勘验龙骧、虎威、飞霆、策电四舰，令分驻大沽、北塘两海口。
1879 年	光绪五年	5 月，清政府决定先于北洋创设一支舰队，俟力渐充，由一化三。 福州船政局制成康济炮船。 向英国订购镇中，镇边两炮舰和超勇、扬威两巡洋舰。 10 月，镇东、镇西、镇南、镇北四炮舰到华，留北洋差遣。 李鸿章奏留记名提督天津镇总兵丁汝昌在北洋差遣，旋派督操炮舰。

公元	中国纪年	大　事
1879 年	光绪五年	刘步蟾、林泰曾二人上《西洋兵船炮台操法大略》条陈，提出"最上之策，非拥铁甲等船自成数军决胜海上，不足臻以战为守之妙"。 冬，沈葆桢死，海军规划遂专属于李鸿章。 李鸿章设水师营务处于天津，由道员马建忠负责日常工作。
1880 年	光绪六年	李鸿章设水师学堂于天津，以严复为总教习。 北洋向德国订造定远、镇远两铁甲舰、济远巡洋舰，并派刘步蟾、魏瀚等在德国监造。 龙骧、虎威、飞霆、策电四舰归南洋差遣。 9 月，聘英人葛雷森为北洋海军总教习。 调登州、荣成水师艇船弁兵到大沽操演，以备超勇、扬威两舰到时配用。 在旅顺筑黄金山炮台，乃旅顺设防的开端。
1881 年	光绪七年	1 月，北洋大臣派丁汝昌去英国接收超勇、扬威两舰。 9 月，在大沽选购民地，建造船坞，设水雷营、水雷学堂，作为北洋海军的临时基地。 镇中、镇边两舰到大沽。 10 月，超勇、扬威两舰到大沽。 李鸿章奏请以提督丁汝昌统领北洋海军，并奏改三角形海军旗为长方形，以纵三尺、横四尺为定制，质地章色如故。 于旅顺设水雷营、鱼雷营，于威海设鱼雷营、机器厂。并于旅顺、威海均设屯煤所，以备北洋海军驻泊之用。 北洋会同福州船政局续选学生十人出洋肄业，这是船政第二届出洋学生。

公元	中国纪年	大　事
1882 年	光绪八年	北洋向德国订购鱼雷艇四艘，起名为定一、定二、镇一、镇二。 派刘步蟾等十一人到德国协驾铁舰，并资练习。 聘英人琅威理为总教习。
1883 年	光绪九年	威海金线顶建鱼雷营。
1884 年	光绪十年	3 月，总理衙门请设海军专部。 8 月，法国舰队闯进闽江，驶入马尾军港，对清朝军舰实行突然袭击，福建海军全军覆没。 清政府对法宣战，北洋海军总教习琅威理以回避去职。 聘德人式百龄为北洋海军总教习。 李鸿章派式百龄带超勇、扬威两舰南下，往援台湾，复以朝鲜内乱为借口而中途调回。
1885 年	光绪十一年	6 月，清政府在谕旨中声称要"大治水师"。 北洋向英国订造致远、靖远两艘巡洋舰，又向德国订造经远、来远两艘巡洋舰，皆派人监造。 山东巡抚张曜来威海考察口岸形势。 10 月，总理海军事务衙门成立，派醇亲王奕譞总理海军事宜，庆郡王奕劻、北洋大臣李鸿章为会办，汉军都统善庆、兵部右侍郎曾纪泽为帮办。 11 月，定远、镇远、济远三舰到华。 南北洋会同船政大臣续派学生出国肄业，于北洋舰队中选取九人，于船政学堂驾驶、制造学生中选取二十四人，此为船政第三届出洋学生。
1886 年	光绪十二年	向德国购福龙鱼雷艇一艘，本属福建调遣，后拨归北洋操练。 旅顺海岸炮台竣工。 5 月，奕譞、李鸿章、善庆检阅海陆军，并巡视沿海炮台。

公元	中国纪年	大事
1886 年	光绪十二年	超勇管带林泰曾请聘琅威理复职。 7 月,丁汝昌率定远、镇远、济远、威远四舰出海,折赴日本长崎进坞修理,因水手与日捕发生口角,日捕寻衅,杀伤水手多人。琅威理力请即日宣战,丁汝昌阻之,按法律程序妥善解决。
1887 年	光绪十三年	福州船政局制成广甲巡洋舰。 北洋向英国订购左一鱼雷艇。 北洋向德国订购左二、左三、右一、右二、右三鱼雷艇五艘。 4 月,派邓世昌、邱宝仁、叶祖珪、林永升去英、德接收致远、靖远、经远、来远四舰。 威海南北岸炮台开始兴工。 设水师学堂于昆明湖。
1888 年	光绪十四年	威海刘公岛炮台开始兴工。 5 月,大连湾炮台开始兴工。 9 月,北洋舰队正式成军。海军衙门奏准《北洋海军章程》,定官制,设提督一,总兵二,副将五,游击九,都司二十七,守备六十,千总六十五,把总九十九,经制外委四十三。 12 月,购英商帆船一艘作为练舰,起名敏捷。
1889 年	光绪十五年	福州船政局制成平远巡洋舰。 旅顺筑陆路炮台。
1890 年	光绪十六年	总教习琅威理以争挂督旗不允而辞职。 5 月,设水师学堂于刘公岛。
1891 年	光绪十七年	福州船政局制成广丙鱼雷快船。 5 月,李鸿章第一次检阅北洋舰队。

公元	中国纪年	大事
1891 年	光绪十七年	6 月，日本政府请北洋舰队访问日本，丁汝昌率定远、镇远、致远、靖远，经远、来远六舰开赴马关，由内海至东京。 8 月，威海南北两岸各添水雷营一处，并于南岸水雷营内附设水雷学堂。 大连设水雷营。 旅顺船坞竣工。
1893 年	光绪十九年	大连湾炮台竣工。
1894 年	光绪二十年	3 月，北洋舰队拟添置快炮十八门，以款项难筹而未果。 5 月，李鸿章第二次检阅海军。 6 月，日本政府诱使清政府派兵赴朝，为自己发动侵略战争制造借口。 7 月 10 日，日本政府为统一海军的指挥权，取消按区域划分舰队的办法，将全国海军分为常备和警备两个舰队。 7 月 19 日，日本政府把警备舰队改为西海舰队，并将常备、西海两舰队组成联合舰队。 7 月 21 日，李鸿章雇英国商船爱仁、飞鲸二号载仁字军一营赴牙山，派济远、广乙、威远三舰护航。 7 月 22 日，日本大本营截获清政府运兵去朝鲜的情报。 7 月 23 日，李鸿章又雇英国商船高升号，载北塘兵两营赴牙山，路遇操江舰，遂同行。 伊东祐亨率日舰十五艘向朝鲜海岸进发，企图偷袭中国军舰和运兵船。 济远、广乙、威远三舰抵牙山。

公元	中国纪年	大　　事
1894 年	光绪二十年	7 月 24 日，爱仁、飞鲸抵牙山，卸兵登岸。 7 月 25 日，日本海军不宣而战，在牙山口外丰岛附近对中国军舰进行海盗式的袭击。 7 月 26 日，丁汝昌率北洋舰队主力驶往朝鲜白翎岛附近，寻找日本联合舰队决战。 李鸿章派德人汉纳根为北洋海军总教习。 8 月 1 日，清政府对日宣战。 8 月 3 日，丁汝昌率舰出海追逐敌舰，寻求决战。 8 月 9 日，北洋舰队赴朝鲜海面巡击，日本联合舰队闻风远遁。 8 月 10 日，日舰二十一艘佯攻威海，企图牵制北洋舰队。 9 月 12 日，李鸿章命北洋舰队护送铭军八营赴大东沟。 9 月 15 日夜半，丁汝昌率舰艇十八艘，护送五艘运兵船，从大连湾出发。 9 月 16 日，北洋舰队驶抵大东沟。 9 月 17 日晨，铭军八营全部登岸，北洋舰队完成了护航任务。 当天中午十二点五十分，北洋舰队与日本联合舰队在鸭绿江口大东沟附近海面相遇，激战近五小时，日舰先遁。 9 月 26 日，济远管带方伯谦在旅顺军前正法。 10 月 18 日，北洋舰队出旅顺口回威海。 10 月 24 日，日本陆军第二军在花园口登陆。 11 月 6 日，日军进占金州。 11 月 7 日，日军占领大连。

公元	中国纪年	大　事
1894 年	光绪二十年	11 月 12 日，汉纳根要求以提督衔任北洋海军副提督，赏穿黄马褂，未允，遂不到舰任职。 11 月 14 日，北洋舰队出海返威海，进口时镇远舰被礁石擦伤船底，管带林泰曾忧愤自杀。 11 月 15 日，李鸿章派英人马格禄为北洋舰队总教习。 11 月 22 日，旅顺口陷落。 12 月 10 日，伊东祐亨往访大山岩，策划诱降丁汝昌的阴谋。 12 月 17 日，朝廷降旨逮问丁汝昌，又改革职留任。
1895 年	光绪二十一年	1 月 20 日，日本第二军第二师团一万五千人在荣成龙须岛西海套登陆，并占领荣成县城。 日本第二军第六师团一万人，在龙须岛西海套登陆。 1 月 25 日，伊东祐亨托裴利曼特将劝降书转交丁汝昌，当即遭到拒绝。 1 月 30 日，日军水陆夹击刘公岛及南帮炮台，北洋舰队发炮支援南岸守军，击毙日本陆军少将大寺安纯。日舰一艘被击沉。此为威海海战的第一次战斗。 1 月 31 日，日军暂停攻击。 丁汝昌派来远、济远二舰轰毁南岸鹿角嘴、龙庙嘴二炮台。 2 月 1 日，丁汝昌派鱼雷艇焚毁威海北岸渡船，并炸毁北帮炮台。 2 月 2 日，日军从西门进占威海卫城。 日军占领威海北帮炮台。

公元	中国纪年	大　事
1895 年	光绪 二十一年	2 月 3 日，日军修好南岸皂埠嘴二十八公分口径大炮一门，与威海口外日舰水陆夹击刘公岛、日岛及港内的北洋舰队。日舰筑紫、葛城受伤。此为威海海战的第二次战斗。 　夜间，日本鱼雷艇拆除威海南口水雷拦坝一段。 　2 月 4 日，裴利曼特进威海港，再次劝丁汝昌投降，仍遭拒绝。 　2 月 5 日清晨，日本第二、第三鱼雷艇队进港偷袭，定远中雷搁浅。 　天明后，日军发动第三次进攻，炮战很久，互有伤亡。 　2 月 6 日清晨，日本第一艇队进港偷袭，来远、威远、宝筏中雷沉没。 　下午，日军发动第四次进攻，被击退。 　2 月 7 日早晨，日军发动第五次进攻，松岛、桥立、严岛、秋津洲、浪速均受伤。 　北洋舰队鱼雷艇管带王平率福龙、左一、左二、左三、右一、右二、右三、定一、定二、镇一、镇二、中甲、中乙十三艘鱼雷艇及飞霆、利顺两船从威海北口逃跑，结果不是被日军俘获，就是被击沉，只有左一侥幸逃到烟台。 　日岛炮台被敌轰毁。 　2 月 8 日，日军继续炮击刘公岛及港内北洋舰队。 　丁汝昌派人怀密信凫水到威海北岸，潜去烟台求援。 　北洋舰队中的部分洋员在刘公岛上的俱乐部里开会，策划投降。

公元	中国纪年	大　　事
1895 年	光绪 二十一年	2 月 9 日晨二时，英人泰莱、德人瑞乃尔往见丁汝昌，劝说投降，被断然拒绝。 上午，日军发动第六次进攻。 中午，靖远舰中弹搁浅。 2 月 10 日清晨，日本鱼雷艇乘雪偷袭，被击退。 上午，日军发动第七次进攻，双方炮战三个多小时。 洋员马格禄、瑞乃尔等与营务处道员牛昶晒胁迫丁汝昌降敌，被丁严厉斥责。 下午，丁汝昌派广丙炸沉靖远。 夜里，刘步蟾炸沉定远后，自杀殉国。 2 月 11 日清晨，日本鱼雷艇乘风雪偷进南北两口，仍被击退。 上午，日军发动第八次进攻，两舰受伤。 中午，东泓炮台两门二十四公分口径炮被击毁。 夜间，丁汝昌接密信，知援军无望。 丁汝昌召集各舰管带及洋员会议，马格禄、牛昶晒等抗拒命令，指使兵痞持刀威逼丁汝昌投降，丁汝昌自杀殉国。 护军统领总兵张文宣自杀。 护理左翼总兵署镇远管带杨用霖拒降自杀。 牛昶晒与马格禄、泰莱、浩威、瑞乃尔等商议降事，由浩威起草投降书。 2 月 12 日，广丙管带程璧光乘镇北舰将投降书送至日本旗舰松岛号。 2 月 14 日，牛昶晒与伊东祐亨在松岛舰上签订《刘公岛降约》十一条。 2 月 17 日，日军登陆刘公岛，北洋舰队全军覆没。

附录二:北洋舰队爱国将领传略

一 丁汝昌

丁汝昌原名先达,字禹廷,号次章,安徽庐江县北乡石嘴头村(今石头公社丁家坎)人。① 生于一八三六年十一月十八日(道光十六年十月初十日)。"少卓荦负奇气","厥性敏慧"。父丁灿勋务农,家境贫苦,遣他出外为人佣工。当地人认为最低贱的三种职业"放鸭子"、"引瞎子"、"摆渡子",他都干过。又遣他从人磨豆腐,"劳而无值"②,自己一个人勉强糊口,无以赡家。咸丰初年,庐江一带发生严重荒旱,他父母双双饿病而死。

一八五三年(咸丰三年)秋,太平军进军巢湖地区,连克无为、巢县、桐城、舒城等地。一八五四年一月十八日(咸丰三年十二月二十日)太平军攻克庐江城。③ 就在这时,丁汝昌参加了太平军④,隶于程学启部下。当时,陈玉成令程学启佐叶芸来守安庆,丁汝昌从此便随军住在安庆。

一八六一年(咸丰十一年)夏,清军围攻安庆,形势危急。太平军再援安庆失利。这时,程学启率部下三百人叛变,投降曾国荃。丁汝昌于是被编入湘军。清军陷安庆后,曾国荃使程学启领开字营,丁汝昌为哨官,授千总。

---

① 一八六四年,丁汝昌迁家于巢县汪郎中村。今其后代仍居是村。
② 陈诗:《丁汝昌传》。
③ 《庐江县志》卷五。
④ 丁汝昌家乡至今还流传他十八岁(虚岁)当兵(太平军)之说。

一八六二年二月二十二日（同治元年正月二十四日），李鸿章率地主武装淮勇到安庆，由曾国藩按湘军规程编制。不久，曾国藩派李鸿章率部到苏南地区活动。李鸿章"请于曾国藩，以（程）学启隶麾下"。① 从此，丁汝昌又被编入淮军。五月二日（四月初四日），淮军七千人全部到上海，投入镇压太平军的战争。十月间，刘铭传见丁汝昌，"异之，乞置帐下"。于是，丁汝昌又隶于刘铭传部下，仍为哨官。不久，升为营官，领马队。

一八六四年（同治三年），丁汝昌擢副将，统先锋马队三营，随刘铭传参加镇压东西捻军的战争。一八六八年（同治七年），授总兵，加提督衔，赐协勇巴图鲁勇号。一八七四年（同治十三年），朝廷有裁兵节饷之议，刘铭传欲裁减三营马队，置丁汝昌于"闲散"。当时，丁汝昌另驻一地，"陈书抗议"。刘铭传怒其梗阻，"命将召至而戮之"。② 丁汝昌闻讯，驰归巢县家中。时外患频仍，丁汝昌既罢兵归里，"居常愀然"，妻魏氏有见识，宽慰说："建立功业自有时也，姑待之！"③ 家居数年，境况愈益窘困，乃去天津见直隶总督李鸿章，求一差使。李鸿章说："省三④与尔有隙，我若用尔，则与省三龃龉矣。尔宜与之分道扬镳！"⑤ 示意丁汝昌应弃陆军而习海军。

一八七九年五月（光绪五年四月），清政府确定"先于北洋创设水师一军，俟力渐充，由一化三"。⑥ 即先建北洋舰队，然后逐步建立南洋舰队和粤海舰队。并派李鸿章督办北洋海防事宜。同年十一月（十月），李鸿章以从英国订购的镇东、镇西、镇南、镇北四炮舰来华，北洋舰只渐多，便报请清政府将记名提督丁汝昌留北

---

① 《清史稿·程学启传》。

② 以上引文见陈诗：《丁汝昌传》。

③ 丁应涛：《魏夫人事略》。

④ 刘铭传字省三。

⑤ 陈诗：《丁汝昌传》。

⑥ 《洋务运动》第二册，三八七页。

洋海防差遣。不久，派他督操炮舰。这是丁汝昌海军生涯的开始。

一八八〇年十二月（光绪六年十一月），李鸿章奏派督操丁汝昌率管带林泰曾、副管带邓世昌、大副蓝建枢、李和、二副杨用霖等，去英国督带在英厂订购的超勇、扬威两艘快船。一八八一年八月十四日（光绪七年七月初九日），超勇、扬威由驻英公使曾纪泽"亲引龙旗，升炮悬挂"，出港开行。丁汝昌驻超勇。这是"中国龙旗第一次航行海外"。① "往岁购船，均彼人驶至中国，为费较巨，故此行改派武职重臣，且以增各员弁勇丁游历涉练之益也。"②

同年十月三十日（九月二十七日），超勇、扬威抵天津大沽。李鸿章奏请丁汝昌改督操为统领北洋海军，并改三角形国旗为长方形，以纵三尺、横四尺为定制，镶飞龙戏珠，龙为蓝色，珠为赤色。一八八二年（光绪八年），以巡海有功，赏头品顶戴，换西林巴图鲁勇号。一八八三年（光绪九年），授天津镇总兵，赏穿黄马褂。

一八八六年七月（光绪十二年六月），丁汝昌率定远、镇远、济远、威远、超勇、扬威六舰出洋操巡，至海参崴，留超勇、扬威二舰等吴大澂勘定中俄边界事毕驶回，其余四舰折赴日本长崎进坞修理。适值中国水手放假登岸，日本巡捕向前寻衅，持刀杀伤水手多人。总教习英员琅威理，"力清即日宣战"。③ 丁汝昌反对轻率开战，主张通过法律程序解决这次案件。后由日本方面抚恤死伤者，此案得以了结。由于丁汝昌的持重，防止了中日两国间的一场军事冲突。

一八八八年九月（光绪十四年八月），海军衙门奏定北洋舰队官制，设提督一，总兵二，副将五，参将四，游击九，都司二十七，守备六十，千总六十五，把总九十九。授丁汝昌为北洋海军提

---

① 《海军大事记》。
② 池仲祐：《西行日记》卷上。
③ 《海军大事记》。

督，统率大小舰艇四十余艘，约五万吨。为培养急需的海军技术人才，又根据丁汝昌的建议，于一八九〇年五月（光绪十六年四月）设水师学堂于刘公岛，由丁汝昌兼领总办，美人马吉芬充任教习。

一八九四年七月二十五日（光绪二十年六月二十三日），日本海军不宣而战，对北洋海军发动海盗式的袭击，爆发了中日甲午战争。同年九月十七日（八月十八日），中日海军主力相遇于鸭绿江口外的黄海，双方展开了激战。海战中，北洋舰队以十舰对日本联合舰队十二舰，在吨位、航速、火力、舰龄等方面皆不如日舰，但北洋舰队将士"誓死抵御，不稍退避"。① 开战不久，丁汝昌受重伤，拒绝进舱养息，裹创后仍坐在甲板上督战，激励士气。激战五小时，重创日本联合舰队，迫使其仓皇遁逃。然北洋舰队亦损失致远、经远、超勇、扬威四舰。

北洋舰队驶回威海后，丁汝昌布置水陆防务，竭尽全力。他反对慈禧一伙的乞和活动，对日本侵略者的野心始终有所警惕，认为"铤而走险是其惯习，宜更防其回扑我境。"并提出"及时纾力增备"② 的正确主张。一八九五年一月二十日（光绪二十年十二月二十五日），日本陆军第二军在海军掩护下，于荣成龙须岛西海套渡兵登岸，包抄威海后路。同年一月三十日（光绪二十一年正月初五日），日军进攻威海南帮炮台。丁汝昌亲自率舰支援南帮炮台守军，发炮击毙日军第六师团第十一旅团长陆军少将大寺安纯。但由于众寡悬殊，威海陆军炮台遂失。于是，刘公岛成为孤岛，北洋舰队被困于威海港内。

此后，日军连日水陆夹击刘公岛及北洋舰队。在二月九日（正月十五日）的海战中，丁汝昌亲登靖远舰指挥。战至中午时，靖远为敌炮击中搁浅，丁汝昌被水手救上小船，始免于难。日军先后共发动八次进攻，均被击退，并有多艘军舰受伤。日本侵略者见

---

① 《中日战争》第三册，一三五页。

② 丁汝昌：《致戴孝侯书》四、五。

硬攻不成，便转而采取诱降的办法。日本联合舰队司令伊东祐亨致书丁汝昌说："夫大厦之将倾，固非一木所能支。苟见势不可为，时不云利，即以全军船舰权降与敌，而以国家兴废之端观之，诚以些些小节，何足挂怀。仆于是乎指誓天日，敢请阁下暂游日本。切愿阁下蓄余力，以待他日贵国中兴之候，宣劳政绩，以报国恩。"① 丁汝昌阅信后，断然拒绝说："余决不弃报国大义，今惟一死以尽臣职。"② 并将此信上交李鸿章，以表示自己誓死抗敌的坚强决心。

日本侵略军见攻不下，劝不降，只好对北洋舰队采取长期围困的方针。北洋舰队陷入重围之中，局势日趋险恶。丁汝昌早就抱定了誓死抗敌的决心。他曾对家人说："吾身已许国！"③ 已将个人的生死置之度外。他坚信，只要陆上有援军开到，水陆夹击，则刘公岛之围立即可解。因此，他派一名水手怀密信凫水到威海北岸，潜去烟台向登莱青道刘含芳求援。但在这危急的时刻，总教习英员马格禄等洋员却在刘公岛上的俱乐部开会，密谋投降。威海营务处提调牛昶昞也参加了洋员的策降活动。丁汝昌洞悉这一阴谋，对他们说："我知事必出此，然我必先死，断不能坐睹此事！"并向全军下令："援兵将至，固守待命！"④

二月二十一日（正月十七日）晚间，丁汝昌接到先前所派水手的回报，知山东巡抚李秉衡由烟台移军莱州，陆援已告绝望。于是召集各舰管带和洋员会议，提出"鼓力碰敌船突围出，或幸存数艘，得抵烟台，愈于尽覆于敌。"⑤ 但马格禄、牛昶昞等早有密谋，均不答应。"使人将镇远用水雷击沉，亦无应者。"⑥ 他们竟带头自动散会，并指使兵痞持刀威逼提督。丁汝昌无奈派人召牛昶昞

---

① 《中日战争》第一册，一九五—一九七页。
② 日本海军军令部：《廿七八年海战史》下卷，第十一章，第一节。
③ 施从滨：《丁君旭山墓表》。
④ 日本海军军令部：《廿七八年海战史》下卷，第十一章，第一节。
⑤ 《中日战争》第一册，七一—七二页。
⑥ 《中日战争》第一册，一一七页。

来对他说："吾誓以身殉！"并命他"将提督印截角作废"①，以防止有人盗印降敌，遂自杀殉国。时年六十岁。

二　刘步蟾

刘步蟾字子香，福建侯官人。生于一八五二年（咸丰二年）。"少沉毅，力学深思。及长豪爽，有不可一世之概。"十五岁考入福州船政学堂"学习驾驶枪炮诸术，勤勉精进，试迭冠曹偶"。②一八七一年（同治十年），上建威练船实习，巡历南至新加坡、槟榔屿各口岸，北至渤海湾及辽东半岛各口岸。他工作认真，技术纯熟，四年后便被破格提拔为建威管带。

一八七五年（光绪元年）秋，沈葆桢以福州船政局正监督法员日意格回国之便，派刘步蟾等五人随赴英国和法国参观学习，以增长阅历。一八七六年（光绪二年）春，刘步蟾从国外归来，被保举都司。同年冬，船政派第一批学生出洋学习，其中包括驾驶学生刘步蟾、林泰曾、严宗光、林永升、叶祖珪、方伯谦、萨镇冰、林颖启等十二人。一八七七年（光绪三年），刘步蟾被派到英国旗舰马那多号上学习，担任船副。留英期间，他在学习上出类拔萃，同学中皆无可与一之伦比，每试"成绩冠诸生"。③ 英国远东舰队司令裴利曼特对他的评语是："涉猎西学，功深伏案。"④ 国内也有人评论说："华人明海战术，步蟾为最先。"⑤ 皆是公允之论。一八七九年（光绪五年），经英国海军部考试，获得优等文凭。清政府授予游击，并赏戴花翎。

留英归国后，刘步蟾任镇北炮舰管带，成为名副其实的海军战官。但是，他对北洋海军的现状甚为担忧，因为当时清朝最大的快

---

① 陈诗：《丁汝昌传》。
② 《刘军门子香事略》。
③ 李锡亭：《清末海军见闻录》。
④ 《中日战争》第七册，五四四页。
⑤ 《清史稿·刘步蟾传》。

船才一千多吨，而像镇北这样的炮舰也才四百多吨，是远不能适应海防需要的。为此，他便与林泰曾共同研讨，将留学心得写成题为《西洋兵船炮台操法大略》的条陈，上于直隶总督李鸿章，提出发展海军"最上之策，非拥铁甲等船自成数军决胜海上，不足臻以战为守之妙。"① 主张扩充海军力量，对帝国主义侵略采取积极防御的方针。当时，这个建议被清政府所采纳。

一八八〇年（光绪六年），李鸿章向德厂订购定远、镇远两铁甲船和济远快船，派刘步蟾在德国监造，并研究枪、炮、水雷技术。同年冬，又派为驻英水师随员，并接受新购的超勇、扬威两快船。一八八二年（光绪八年），李鸿章派刘步蟾等十一员去德国协驾定远等舰，并资练习。一八八五年十一月（光绪十一年十月），刘步蟾督带定远等舰回国，派充定远管带，授参将，又升副将，赏强勇巴图鲁勇号。

刘步蟾多次出国学习考察，接触西方的新事物，也接受了一些西方资产阶级的民主思想，因此对中国封建社会的某些旧传统、旧习惯极为不满。他看到西方人提倡男女平等，对女儿的孩子和儿子的孩子一样称呼，都叫"孙子"（grand son）或"孙女"（grand daughter）；称自己父母的父母都是"祖父"（grand father）或"祖母"（grand mother），而没有"外祖父"、"外祖母"的叫法，便首先在自己家里实行起来。他看到西方妇女都识字而不缠足，认为中国妇女缠足而不识字是极不合理的，因此他便不让自己的女儿缠足，要她们念书。当时社会上吸毒成风，他对此深恶痛绝，并告诫子女："永远不许吸鸦片，家中以后有吸鸦片者，就不是我的儿孙！"② 不仅如此，更重要的是，他学习了西方近代的军事科学，并能够身体力行，人称"治军严肃，凛然不可犯，慷慨好义有烈

---

① 《李文忠公全书》，译署函稿，卷十。
② 据刘步蟾的亲属陈琨提供的材料。

士风"。①

一八八八年九月（光绪十四年八月），海军衙门奏准《北洋海军章程》，定海军经制，北洋舰队正式成军。在筹建过程中，刘步蟾劬劳从事，"一切规划，多出其手"。②他负责草拟《北洋海军章程》时，充分应用了自己所学到的西方海军制度和条例，故人称"内多酌用英国法"。③但他也不是机械地照搬，而是参照中国具体情况做适当的改动。例如，他起草时，即曾参考过薛福成于一八八一年（光绪七年）试拟的《酌议北洋海防水师章程》。④由于他对创建北洋舰队的贡献，因此被任命为右翼总兵兼旗舰定远号管带，成为北洋海军中地位仅次于提督丁汝昌的高级将领。

于是，中国海军始略具规模。但为时不久，"朝廷乃有停购船械之议"。⑤当时掌握朝政大权的慈禧太后，醉心于骄奢淫逸的生活，不愿常年住在紫禁城里。总理海军事务奕谟是光绪的父亲，为了讨好慈禧，竟挪用海军经费来修颐和园，停拨了海军添置军舰的款项。据不完全统计，为修建颐和园而先后挪用的海军经费，共达两千万两之多。用这笔巨款，可买七千多吨的铁甲船十多艘，或两千多吨的快船二十多艘。而日本蓄谋发动侵略中国的战争，正在大力扩充海军，平均每年都要添购两艘新式战舰。刘步蟾见此情形，异常焦急。当时朝野上下不是没人有见于此，不过谁都不敢站出来讲话。只有御史吴兆泰冒死上疏，奏请节省颐和园工程。慈禧览奏大怒，以光绪名义发布上谕，将吴兆泰"交部严加议处"，以儆效尤。从此，文武百官皆噤若寒蝉了。刘步蟾深知"日本增修武备，必为我患"。他激于爱国热情，毅然亲谒李鸿章，请求"按年添购如定、镇者两舰，以防不虞"。李鸿章老于官场，知道此事

---

① 《刘军门子香事略》。
② 李锡亭：《清末海军见闻录》。
③ 《洋务运动》第八册，二八四页。
④ 《清朝续文献通考》，兵考，海军。
⑤ 《刘军门子香事略》。

的利害关系，便搪塞道："子策良善，如吾谋之不用何！"刘步蟾颇不以为然，慷慨激昂陈辞："相公居其位，安得为是言！平时不备，一旦偾事，咎将谁属？"在座的官员无不大惊失色。独他侃侃而谈，神色自若。对此，时人评论说："盖其忧国之深，忠愤激昂，流露于言词之间而不自觉也。"① 刘步蟾还多次向提督丁汝昌力陈中国海军装备远逊日本，添船换炮不容少缓，丁汝昌据以上报。李鸿章则不敢向朝廷力争，只是说停购船械"惧非所以慎重海防，作兴士气之至意也。"② 发发牢骚而已。北洋舰队终于未再更新一舰一炮。

北洋舰队成军之后，因技术力量不足，"亟图借才异国，迅速集事"③，因此从国外招募了一些洋员。洋员流品甚杂，克尽厥职者固不乏人，怀有野心者也大有人在。英员琅威理两任总教习，清政府赐以提督衔，以示崇优。他则以"副提督"自居，飞扬跋扈，一心揽权。而按《北洋海军章程》，只有一员提督、两员总兵，并无"副提督"的编制。一八九〇年（光绪十六年）冬，北洋舰队巡泊香港，丁汝昌奉命离舰去法国，刘步蟾按规定撤下提督旗，而升上总兵旗。琅威理争执说："提督离职，有我副职在，何为而撤提督旗？"刘步蟾回答说："水师惯例如此。"④ 琅威理不服，讼于李鸿章。李"复电以刘为是"。⑤ "琅威理遂愤而去职，归国后犹复逢人称道其在华受辱不置云。"⑥ 这次争旗事件，关系到是由中国人还是外国人来掌握北洋舰队指挥权的问题。决不能看作是刘步蟾与琅威理之间的个人权力之争。

一八九四年（光绪二十年）春，曾在中国海关缉私船任职的

---

① 《刘军门子香事略》。
② 《海军大事记》。
③ 薛福成：《庸盦内外编》，海外文编，第二卷，三一页。
④ 李锡亭：《清末海军见闻记》。
⑤ 《海军大事记》。
⑥ 《晨园漫录》。

英国海军后备少尉泰莱，由海关总税务司赫德介绍到北洋舰队，担任总教习德员汉纳根的顾问兼秘书。此人野心勃勃，狂妄自负。他伙同汉纳根向清政府建议，从智利等国买进八艘新式快船，招募外国海军官员驾驶，另建一支新军。开来中国后，与原北洋舰队"合成一军"，撤去中国提督，"另派一洋员担任全军水师提督"①，实则要求"交其本人指挥"。其包藏祸心，昭然若揭。刘步蟾洞悉其奸，"从中梗阻"。因此，"泰莱愤然，每寻机诋毁之。"②

同年七月二十五日（六月二十三日），甲午战争爆发。九月十七日（八月十八日），北洋舰队与日本联合舰队在鸭绿江口外的黄海相遇，双方展开激战。开战前，刘步蟾曾发出"苟丧舰，将自裁"③的誓言。海战中，北洋舰队摆成"人"字阵，刘步蟾乘坐的定远号恰在"人"字尖上，冲锋在前，将日本联合舰队拦腰截断，重创其比睿、赤城、西京丸诸舰，并击毙赤城舰长海军少佐坂元八太郎。他奋勇督战，力搏强敌。"丁汝昌负伤后，表现尤为出色。"④"指挥进退，时刻变换，敌炮不能取准。"⑤定远舰的水手有口皆碑："刘船主有胆量，有能耐，全船没有一个孬种！"⑥据日方记载：定远"陷于厄境，犹能与合围之敌舰抵抗。定远起火后，甲板上各种设施全部毁坏，但无一人畏战逃避"。⑦战到后来，定远发出的三十公分半口径的巨炮炮弹，命中日本旗舰松岛号，"霹雳一声，船轴倾斜了五度，冒上白烟，四顾暗淡，炮台指挥官海军大尉志摩清直以下，死伤达一百余人，死尸山积，血流满船，而且火灾大作。"⑧松岛经此打击，成为一具躯壳，完全丧失了战斗和

①　《汉纳根条陈节略》。
②　李锡亭：《清末海军见闻录》。
③　泰莱：《甲午中日海战见闻记》。
④　李锡亭：《清末海军见闻记》。
⑤　《中日战争》第三册，一三五页。
⑥　据《定远水手陈敬永口述》。
⑦　川崎三郎：《日清战史》第七编，第三章，七〇—七一页。
⑧　《日清战争实记》。

指挥的能力。定远舰愈战愈奋，而日舰已多受重伤，势穷力尽，于是仓皇遁逃。

黄海海战后，丁汝昌离舰养伤，刘步蟾代理提督。北洋舰队驶回威海后，他积极贯彻丁汝昌提出的"纾力增备"① 方针，反对向敌乞和。一八九五年二月五日（光绪二十一年正月十一日）拂晓前，日本鱼雷艇进港偷袭，定远中雷进水，誓将沉没。在此危急的时刻，他断然下令，将定远急驶到刘公岛铁码头外侧的浅滩搁浅，当"水炮台"使用，以继续发挥保卫刘公岛的作用。二月十日（正月十六日），船上储备的弹药全部打完。为使战舰不落入敌手，他下令炸沉定远。当天夜里，刘步蟾毅然自杀殉国，实践了自己的誓言。时年四十四岁。

三　林泰曾

林泰曾字凯仕，福建闽县人。生于一八五二年（咸丰二年）。一八六七年（同治六年），考入福州船政学堂，学习航海驾驶，"历考优等"②，被誉为"闽厂学生出色之人"。③ 一八七一年（同治十年），上建威练船实习。一八七三年（同治十二年），随船赴新加坡、吕宋、槟榔屿各海口，颇历风涛。一八七四年（同治十三年），派到台湾后山测量港口航道。是年，委任安澜舰枪械教习，又调任建威练船大副。

一八七五年（光绪元年），林泰曾随福州船政局正监督法员日意格赴英国采办军用器物，并考察西方船政。沈葆桢奏保守备，加都司衔。同年冬，又奏保以都司留闽补用。次年回国，调赴台湾会办翻译事务。一八七七年（光绪三年），船政派第一批学生出洋，林泰曾赴英国继续深造，熟练驾驶、枪炮、战阵诸法。一八七九年

① 丁汝昌：《致戴孝侯书》五。
② 《林凯仕军门事略》。
③ 《中日战争》第四册，三〇一页。

（光绪五年），卒业归来，派充飞霆炮舰管带。一八八〇年（光绪六年），南北洋大臣会同闽浙总督奏保，以林泰曾"沿毅朴诚，学有实得"①，升游击，并戴花翎，调任镇西炮舰管带。林泰曾与刘步蟾在船政学堂与英国两度同学，又同时担任炮舰管带，长期相处，志同道合，因共同研讨，写成题为《西洋兵船炮台操法大略》的条陈，上于李鸿章，主张学习西方海军的经验，扩充中国的海军力量，对帝国主义侵略采取积极防御的方针。

一八八〇年十二月（光绪六年十一月），林泰曾随丁汝昌去英国接带新购的超勇、扬威两艘快船。次年回国，以接船有功，升参将，并赏果勇巴图鲁勇号。一八八二年（光绪八年），又随丁汝昌赴朝鲜，挫败了日本对朝鲜的武装干涉计划。事毕后，升副将。一八八五年（光绪十一年），又兼办北洋水师营务处。林泰曾长期任职海军，是一位优秀的将领。李鸿章对他的评语是："资深学优"②，"驾驶操练均极勤奋"；沈葆桢对他评语则是："深通西学，性行忠谨。"一八八八年（光绪十四年），北洋舰队成军，林泰曾便被破格特授左翼总兵兼镇远管带。

林泰曾之为人，"性沉默，寡言笑"，治军严明，而"用人信任必专，待下仁恕，故临事恒得人之死力。"③ 一八九四年（光绪二十年），甲午战争爆发。战争初期，林泰曾即"力主进攻，举全舰队扼制仁川港"，与日本联合舰队"一决胜负于海上"。④ 丁汝昌对此表示赞同。但格于李鸿章"北洋千里，全资屏蔽，实未敢轻于一掷"⑤ 的指示，这个计划未能实现。在黄海海战中，林泰曾指挥镇远舰与定远舰密切配合，战绩卓越。"镇远与定远的配置及间

---

① 《林凯仕军门事略》。
② 《中日战争》第四册，三〇一页。
③ 以上引文见《林凯仕军门事略》。
④ 川崎三郎：《日清战史》第七编，第三章，一九一二〇页。
⑤ 《中日战争》第三册，二三页。

隔，始终不变位置，用巧妙的航行和射击，时时掩护定远，奋勇当我①诸舰，援助定远且战且进。"② 在海战的紧要关头，他指挥沉着果断，"开炮极为灵捷，标下各弁兵亦皆恪遵号令，虽日弹所至，火势东奔西窜，而施救得力，一一熄灭。"③ 在定远、镇远二舰的奋力搏战下，日舰仓皇遁逃。英国远东舰队司令裴利曼特曾评论说：日军"不能全扫乎华军者，则以有巍巍铁甲船两大艘也。"④诚非虚语。连日人也有诗赞镇远道："其体坚牢且壮宏，东洋巨擘名赫烜。"⑤ 战后论功，赏换霍春助巴图鲁勇号。⑥

一八九四年十一月（光绪二十年十月），北洋舰队巡旅顺返航威海。进威海北口时，正值落潮，雷标漂出范围，镇远舰因避标而擦暗礁，底板裂缝二丈有余，进水甚急。林泰曾采取紧急措施，堵住漏水，安然驶进威海港内。他认为自己失职，忧愤填膺，服毒而死。时年四十三岁。

四 杨用霖

杨用霖字雨臣，福建闽县人。生于一八五四年（咸丰四年）。少丧父母，依伯兄杨腾霄。"性喜任侠，尚气节，重然诺"，喜"侃侃谈天下事，旁若无人"。十七岁时，参加海军，投艺新舰为"船生"，从管带许寿山学习英语及驾驶、枪炮技术。杨用霖刻苦好学，"日夕勤劬，寒暑不辍，而颖悟悦进，于航海诸艺日益精熟"。不久，便补为振威舰管炮官，又升艺新舰二副。

一八七九年（光绪五年），林泰曾留英回国，由福建带舰北上，调杨用霖同行。杨用霖到北洋后，先后任飞霆、镇西舰二副。

---

① 这里的"我"，乃指日本联合舰队。
② 川崎三郎：《日清战史》第七编，第三章，七〇页。
③ 《中日战争》第一册，一六九页。
④ 《中日战争》第七册，五五〇页。
⑤ 土屋凤洲：《观镇远引》。
⑥ 《清史稿·邓世昌传》。

次年，随丁汝昌去英国接带超勇、扬威二舰，充超勇二副。回国后，升任大副。一八八五年（光绪十一年），定远等舰来华，杨用霖调升镇远舰帮带大副，赏戴花翎，以守备用。一八八八年（光绪十四年），北洋舰队成军，海军人才缺乏，李鸿章奏请以杨用霖署右翼中营游击。一八九一年（光绪十七年），又升用参将，赏加副将衔。

杨用霖少时失学，长大酷爱学习，"公暇益肆力于书籍，手不释卷，才识遂日以增进，长官咸倚重之"。① 总教习英员琅威理对杨用霖评价很高，认为他将来在海军方面的建树不可限量，并称赞他"有文武才，进而不止者，则亚洲之纳尔逊"。② 在北洋舰队中，杨用霖是很有威信的将领，"在营治军严明有威，而爱抚士兵不啻家人子弟"。③ 每逢士兵"疾苦劳顿，必亲临慰问"，因此士兵极为"感戴"。④ "以故士咸为用。"⑤

一八九四年九月十七日（光绪二十年八月十八日），北洋舰队与日本联合舰队战于黄海。杨用霖奋然对部下将士说："时至矣！吾将以死报国，愿从者从，不愿从者吾弗强也。"大家感动得掉泪说："公死，吾辈何以生为？赴汤蹈火，惟公所命！"他协助管带左翼总兵林泰曾，指挥全舰将士奋力鏖战，弹火飞腾，血肉狼藉，而神色不动。激战中，旗舰定远中炮起火，舰中将士一面救火，一面与敌搏战。此刻，杨用霖突转镇远之舵遮于其前，向敌舰发动进攻，使定远得以扑灭其火，从容应敌。当时在附近海域"观战"的西方海军人士，皆啧啧称赞："靡此，而定远殆矣！"⑥ 战到最后，终于迫使日舰逃遁。战后论功，补用副将，赏捷勇巴图鲁

---

① 以上引文均见《杨镇军雨臣事略》。

② 林纾：《闽县杨公墓志铭》。

③ 《闽侯县志》第八五卷。

④ 《杨镇军雨臣事略》。

⑤ 林纾：《闽县杨公墓志铭》。

⑥ 《杨镇军雨臣事略》。

勇号。

同年十一月（十月），北洋舰队从旅顺驶回威海，进口时镇远触礁进水，管带林泰曾忧愤自杀。杨用霖擢升护理左翼总兵兼署镇远管带。当时旅顺已经失陷，镇远不能进坞，杨用霖带领人员日夜赶修，将舰修好。在威海海战中，他协助丁汝昌和刘步蟾奋力抗敌，先后击退日舰的八次进攻。他"常以马革裹尸为壮"，① 并以此激励部下。一八九五年二月五日（光绪二十一年正月十一日），定远舰中雷搁浅，丁汝昌移督旗于镇远。同月十一日（十七日），刘步蟾和丁汝昌先后自杀。营务处提调牛昶昞等推举杨用霖出面与日军接洽投降。杨用霖严词拒绝，回舱后口诵文天祥"人生自古谁无死，留取丹心照汗青"的诗句，用手枪从口内自击而死。时年四十二岁。②

五　邓世昌

邓世昌字正卿，广东番禺县人。生于一八五五年（咸丰五年）。少时即"有干略"，③ 曾从欧人学习算术，通英语。"性沉毅，留意经世之学"。一八六七年（同治六年），入福州政学堂，学习航海驾驶，各门课程考核皆列优等。一八七四年（同治十三年），沈葆桢奖以五品军功，派充琛航舰管带。一八七五年（光绪元年），先后调任海东云舰和振威舰管带，并代理扬威舰管驾，荐保守备，加都司衔。

一八七九年（光绪五年），李鸿章兴建海军，留意海军人才，闻邓世昌"熟悉管驾事宜，为水师中不易得之才"④，便调到北洋差遣，任飞霆舰管带。继又调任镇南炮舰管带。一八八〇年八月

---

① 《杨镇军雨臣事略》。
② 关于杨用霖的岁数，有"四十岁"与"四十二岁"二说。此据林纾《闽县杨公墓志铭》。
③ 《清史稿·邓世昌传》。
④ 以上引文见《番禺县续志》卷二三。

（光绪六年七月），总教习英员葛雷森率镇东、镇西、镇南、镇北四炮舰巡游渤海，至海洋岛，镇南舰触礁。由于邓世昌沉着指挥，"旋即出险"。① 清政府偏信洋员的报告，竟将邓世昌撤职，由洋教习英员章斯敦接任。同年十二月（十一月），邓世昌以副管带随督操丁汝昌去英国接超勇、扬威两快船。这是他第一次出洋，更加留意西方海军发展，"详练海战术"②，在洋十个月大有进益。

一八八二年（光绪八年），朝鲜政局发生动乱，日本拟趁机进行军事干涉。李鸿章闻讯，派丁汝昌率舰护送浙江提督吴长庆部东渡，以援朝鲜。邓世昌随行。他"鼓轮疾驶，迅速异常，径赴仁川口，较日本兵船先到一日"，"日兵后至，争门不得入而罢"。③ 事竣，破格提升，免补都司，迁游击，管带扬威舰，赏勃勇巴图鲁勇号。

一八八七年八月（光绪十三年七月），李鸿章以在英德两国订购的致远、靖远、经远、来远四舰工竣，派邓世昌、叶祖珪、林永升、邱宝仁出洋接带。邓世昌以营务处副将衔参将兼致远管驾。归途中，他"扶病监视行船"，并沿途操演，"终日间变阵必数次"，"时或操火险，时或操水险，时或作备攻状，时或作攻敌计"。舰上将士"莫不踊跃奋发，无错杂张皇状。不特各船将士如臂使指，抑且同阵各舰亦如心之使臂焉"。邓世昌还很关心水手的生活，其他舰上"病故升火水手甚多"，不得不雇用"升火土人"，"惟致远独无"。④ 一八八八年四月二十五日（光绪十四年三月十五日），致远、靖远、经远、来远四舰安抵天津大沽。同年五月（四月），李鸿章到威海检阅北洋舰队，以邓世昌"训练得力"⑤，奏准赏换噶尔萨巴图鲁勇号。九月（八月），北洋舰队成军，授邓世昌中军中

---

① 《海军大事记》。
② 《清史稿·邓世昌传》。
③ 《番禺县续志》卷二三。
④ 余思诒：《航海琐记》（又名《楼船日记》）卷上。
⑤ 《番禺县续志》卷二三。

营副将，仍管带致远舰。

邓世昌平时"精于训练"①，"执事惟谨"②，人称"治事精勤，若其素癖"。③ 虽然他未出洋留过学，但"西学湛深"④，为一般同僚所不及。时人称赞他"使船如使马，鸣枪如鸣镝，无不洞合机宜"。⑤ 特别是他富有爱国精神，"英气勃发"⑥，虽"衽席波涛，不避风险"。⑦ 并经常"在军激扬风义，甄拔士卒，遇忠烈事，极口表扬，慷慨使人零涕"。⑧ 他曾对人说："人谁不死，但愿死得其所耳！"⑨ 甲午战争爆发后，他对部下将士说："设有不测，誓与日舰同沉！"⑩ 以表露其与敌决一死战的决心。

在黄海海战中，邓世昌指挥致远舰"冲锋直进"，"开放舰首尾英厂十二吨之大炮，并施放机器格林炮，先后共百余出，击中日舰甚多"。⑪ 此时，日本第一游击队吉野、高千穗、秋津洲、浪速四舰正驶至中国旗舰定远的前方，并向定远进逼。为保护旗舰，邓世昌将舰"开足马力，驶出定远之前"⑫，迎战来敌。致远陷于四艘日舰的包围之中，仍然意气自若，毫不退缩。邓世昌"勇敢果决，胆识非凡"⑬ 的表现，极大地鼓舞了全舰将士。时人有诗赞道："两军鏖战洪涛中，雷霆铿锵天异色。高密后裔真英雄，气贯白日怀精忠。"⑭

① 《中日战争》第一册，一六七页。
② 余思诒：《航海琐记》。
③ 《邓壮节公事略》。
④ 《中东战纪本末·大东沟海战》。
⑤ 《中日战争》第一册，一六七页。
⑥ 《中东战纪本末·大东沟海战》。
⑦ 《番禺县续志》卷二三。
⑧ 徐珂：《邓壮节阵亡黄海》。
⑨ 《番禺县续志》卷二三。
⑩ 《中日战争》第一册，一六七页。
⑪ 《番禺县续志》卷二三。
⑫ 《中日战争》第一册，一三四页。
⑬ 川崎三郎：《日清战史》第七编，第四章，六七页。
⑭ 缪钟谓：《纪大东沟战事吊邓总兵世昌》。

战至下午三点钟，致远在日本四舰的围攻下，中弹甚多。由于连续受到敌舰重炮的打击，水线下受伤，舰身倾斜；势将沉没。在此危急关头，邓世昌激励将士说："吾辈从军卫国，早置生死于度外，今日之事，有死而已！"① 致远虽伤势严重，仍能于"阵云缭乱中，气象猛鸷，独冠全军。"② 恰在此时，致远和日舰吉野相遇。邓世昌见吉野横行无忌，早已义愤填膺，准备与之同归于尽，以保证全军的胜利。他对帮带都司大副陈金揆说："倭舰专恃吉野，苟沉是船，则我军可以集事！"③ 于是，"鼓轮怒驶，且沿途鸣炮，不绝于耳，直冲日队而来。"④ 不幸中敌鱼雷，"机器锅炉迸裂，船遂左倾，顷刻沉没"。⑤ 邓世昌和大副陈金揆、二副周居阶等同时落水。

邓世昌坠水后，其随从刘相忠持救生圈跳入海中，拉他浮出。他"以阖船俱没，义不独生，仍复奋掷自沉"。此刻，他所养的爱犬名"太阳犬"者，也凫到身边，叼住他的发辫，使其不能沉入海中。邓世昌誓与舰共存亡，毅然用手按狗头入水，自己也随之没入波涛之中。其"忠勇性成，一时称叹"。⑥ 时年仅四十岁。全舰二百余名将士，除二十七人遇救获生外，余者全部壮烈牺牲。时人有诗云："东沟海战天如墨，炮震烟迷船掀倒。致远鼓揖冲重围，万火丛中呼杂贼。勇哉壮节首捐躯，无愧同胞夸胆识。"⑦ 便反映了当时中国人民对邓世昌的深切悼念。

六　林永升

林永升字钟卿，福建闽侯人。生于一八五三年（咸丰三年）。

---

① 徐珂：《邓壮节阵亡黄海》。
② 《中日战争》第七册，五五〇页。
③ 《中日战争》第一册，六七页。
④ 《中日战争》第七册，五五〇页。
⑤ 《中日战争》第一册，六七页。
⑥ 《中日战争》第三册，一三六页。
⑦ 郑观应：《忆大东沟战事感作》。

十四岁考入福州船政学堂，学习航海驾驶。一八七一年（同治十年），到建威练船上实习。一八七五年（光绪元年），调赴扬威练船，任船政学堂教习，补千总。一八七七年（光绪三年），派往英国海军学校学习战阵兵法，在校成绩屡列优等。次年，派登马那多铁甲船见习，巡历地中海各洋面。阅历大增。

一八八〇年（光绪六年），林永升在英学习期满，结业回国，升守备，加都司衔。不久，由李鸿章调往北洋，任镇中炮舰管带。一八八一年（光绪七年），调任康济练舰管带。一八八二年（光绪八年），朝鲜政局发生动乱，日本趁机进行军事干涉，李鸿章派丁汝昌赴朝鲜，林永升从行。以航行迅速，比日舰先一日抵达朝鲜，使日本用兵力控制朝鲜的计划归于破产。回国后，以功补都司，并赏戴花翎。

一八八七年八月（光绪十三年七月），在英德船厂订造的致远、靖远、经远、来远四艘快船工竣，李鸿章派邓世昌、叶祖珪、林永升、邱宝仁等出洋接带。林永升任经远舰管驾。一八八八年四月（光绪十四年三月），四舰安抵天津大沽，林永升荐保游击，赏御勇巴图鲁勇号。同年九月（八月），北洋舰队成军，任经远舰管带。一八八九年（光绪十五年），海军衙门成立，北洋舰队设中军右营副将，由林永升署理。一八九一年（光绪十七年），李鸿章到威海检阅北洋舰队，以林永升"办海军出力"①，升保副将，补缺后升用总兵，并赏换奇穆钦巴图鲁勇号。次年，实授中军右营副将。

一八九四年（光绪二十年），甲午战争爆发。是年九月十七日（八月十八日），北洋舰队与日本联合舰队相遇于黄海，双方展开激战。黄海海战之前，林永升即"先期督励士卒，昕夕操练，讲求战守之术，以大义晓谕员弁士兵，闻者咸为感动"。②临战时，

---

① 《清史稿·林永升传》。
② 《林少保钟卿事略》。

林永升"尽去船舱木梯"，并"将龙旗悬于桅头"，以示誓死奋战。①

　　战至下午三点钟左右，北洋舰队右翼阵脚之超勇、扬威二舰，已中弹起火而焚没，经远舰的右侧失去掩蔽。此时，日本先锋队吉野等四舰见有机可乘，专力绕攻经远，将经远划出阵外。在号称"帝国精锐"的四艘日本先锋舰的围攻下，经远中弹，"火势陡发"②。林永升指挥经远舰，有进无退，"奋勇摧敌"。③ 尽管敌我力量悬殊，处境不利，但全舰将士"发炮以攻敌，激水以救火，依然井井有条"。④ 日本四舰死死咬住经远，"先以鱼雷，继以丛弹"，⑤ 经远舰以一抵四，毫无畏惧，"拒战良久"。激战中，林永升突然发现一敌舰中弹受伤，遂下令"鼓轮以追之"，"非欲击之使沉，即须擒之同返"。⑥ 日舰依仗势众，群炮萃于经远。林永升中弹，壮烈牺牲。时年四十二岁，

七　黄建勋

　　黄建勋字菊人，福建永福人。生于一八五三年（咸丰三年）。一八六七年（同治六年），以文童应船官考，入福州船政学堂。一八七二年六月（同治十一年五月），调建威练船见习航海，周历南北海港。一八七四年（同治十三年），先后充任扬武、福星兵船正教习。一八七五年（光绪元年），又调回扬武，赴日本及中国各海口梭巡，以增长阅历，荐保千总。

　　一八七七年（光绪三年），船政派第一批学生出洋，黄建勋到英国学习物理、化学等科。同年底，上伯乐芬劳铁甲船任见习二

---

① 《闽侯县志》卷八六。
② 《中日战争》第六册，八九页。
③ 《中日战争》第三册，一二九页。
④ 《中日战争》第一册，一六八页。
⑤ 《中日战争》第三册，一三四页。
⑥ 《中日战争》第三册，一三四页。

副，周历南北美及西印度一带海口，研究海道沙线。一八七九年（光绪五年），伯乐芬劳舰长阿武里给予"学行优美"证书。① 见习结业后，继续留在英国补习枪炮攻守战术。一八八〇年（光绪六年），又在英国参观大船厂、机械局、枪炮厂等处。同年四月（三月），学成归国，充任船政学堂驾驶教习。

一八八一年（光绪七年），黄建勋补守备，加都司衔。同年七月（六月），李鸿章调他到北洋，任大沽水雷营管带。一八八二年三月（光绪八年二月），署理镇西炮舰管带。不久，实授管带，随丁汝昌赴朝鲜，保升都司，并戴花翎。一八八七年四月（光绪十三年三月），调任超勇快船管带。一八八九年（光绪十五年），海军衙门成立，升署左翼后营参将。一八九一年（光绪十七年），加副将衔。一八九二年（光绪十八年），以参将署理期满，改为实授。

一八九四年九月十七日（光绪二十年八月十八日），北洋舰队与日本联合舰队战于黄海。超勇与其姊妹舰扬威，当时正位于北洋舰队的右翼，而两舰乃木质包铁的旧式兵船，舰龄已在十三年以上，防御力特差，于是日本第一游击队吉野等四舰便集中火力猛攻不已。超勇与扬威奋勇还击，终因中弹太多，"共罹火灾，焰焰黑烟，将全舰遮蔽"。② 不久，超勇右舷倾斜，难以行驶，终于被烈火焚没。黄建勋"为人慷慨，尚侠义，性沉毅，出言憨直，不作世俗周旋之态，而在军奋励，往往出人头地"。③ 他落海后，左一鱼雷艇来救，抛长绳援之，不就而沉于海。时年四十二岁。

八　林履中

林履中字少谷，福建侯官人。生于一八五三年（咸丰三年）。

---

① 《黄镇军菊人事略》。
② 川崎三郎：《日清战史》第七编，第四章，六三页。
③ 《黄镇军菊人事略》。

一八七一年（同治十年），考入福州船政学堂第三期，学习航海驾驶，"在堂屡考优等"。① 一八七四年（同治十三年），上建威练船，实习航海。一八七五年（光绪元年），调赴扬威练船，游历南北洋港道及日本各海口，以资练习。一八七六年（光绪二年），又赴南洋群岛，至新加坡、槟榔屿、小吕宋等处。是年冬，补伏波兵船大副。

一八八一年（光绪七年），李鸿章调他到北洋，任威远练船教练大副。次年夏，派赴德国验收新购定远铁甲船的鱼雷、炮位、器械等。随后调往英国高士堡学堂研究驾驶、枪炮、数学、电学等。一八八四年（光绪十年），由英国返回德国，沿途考察英、德二国军港的风潮沙线。到德国后，仍回定远铁甲船。一八八五年（光绪十一年），林履中协带定远舰回华，派充大副，奏奖蓝翎千总。同年冬，升调副管驾。一八八七年（光绪十三年），调任扬威快船管带，荐保花翎守备。一八八九年（光绪十五年），海军衙门成立，林履中升署右翼后营参将。一八九一年（光绪十七年），实授参将，加副将衔。

一八九四年（光绪二十年），甲午战争爆发。在黄海海战中，扬威舰适位于北洋舰队的右翼阵脚。日本第一游击队吉野等四舰抄击北洋舰队的右翼，扬威奋力抗御。林履中平时"勤慎俭朴，能与士率同艰苦"，② 故战时部下无不用命。炮战不久，扬威中炮起火，又复搁浅。不料此时济远舰竟转舵逃跑，"适遇扬威铁甲船，又以为彼能驶避"，"直向扬威。不知扬威先已搁浅，不能转动，济远撞之，裂一大穴，水渐汩汩而入"。③ 扬威受伤严重，渐不能支，舰身遂渐下沉，林履中仍然指挥部下"放炮击敌"。④ 及至登台一望，舰身已没入水中，遂奋然跳海，随波而没。时年四十二岁。

---

① 《林镇军少谷事略》。
② 《林镇军少谷事略》。
③ 《中日战争》第一册，一六八页。
④ 《林镇军少谷事略》。

附录三:北洋舰队水手的回忆

这里选编了三篇北洋舰队水手的回忆。其中,除谷玉霖一篇是四十年代采访的以外,余者皆为五十年代或六十年代初采访的。由于他们在北洋舰队中生活过,并亲自参加了甲午战争,故在回忆中提供了许多珍贵的史料,可补文献资料之不足。

一 谷玉霖口述

谷玉霖(1873—1949年),威海北沟村人,在来远舰当炮手。这篇口述是在五十年代搜集到的。据篇末小注,知道是有人根据谷玉霖在一九四六年五月十八日的口述而整理的,但未署姓名。

我十五岁在威海参加北洋水师练勇营,后来当炮手,先是二等炮手,每月拿十六两银子,以后升上一等炮手,就每月拿十八两银子。我在广东艇、康济、镇北、来远舰各干了两年,还随定远和来远到过德国。来远在刘公岛中雷以后,我又调去给丁提督当护卫。

北洋水师初建时,聘请英国人琅威理任总教习,挂副将衔。琅威理对待水手十分苛刻,动不动用刑罚,所以水师里有"不怕丁军门,就怕琅副将"的说法。舰上还有洋人炮手,待遇很高,技术并不佳。有一英人炮手,月薪二百两,外加食费百两,中国炮手就给他起了个"三百两"的绰号。仗打起来后,又有两个美国人来到舰上,自称有法术能掩蔽船身,使敌船不能望见我船。办法是在舰尾上建造一部喷水机，舰在海面上航行就会喷出水来。可是经过试验，并没有什么实效。

朝鲜发生内战，日本当成侵略朝鲜和中国的借口。甲午年八月十六日，北洋水师从威海开往大东沟，十八日发生海战。一开始，我舰在北，先行炮击，日方较为沉寂，驶到近距离时才还击。这时，日舰忽然变东西方向，我方一时处于劣势。定远舰旗杆中弹断落，致远舰长邓世昌以为丁军门阵亡，当即升起提督旗来振奋全军。日舰炮火随即集中于致远，舰身和舱面多次中弹，损伤很重。邓管带英勇指挥，炮击日舰吉野，想跟它同归于尽，向它冲去，不料船尾中了敌舰所放的鱼雷。邓管带见致远行将沉没，不肯独生，愤然投入海中。他平时所养的爱犬名叫"太阳犬"，急跳入海中救主人，转瞬间衔住邓管带的发辫将他拖出水面。这时，搭救落水官兵的鱼雷艇也赶来，艇上水手高呼："邓大人，快上扎杆！"邓管带用手示意，不肯苟生，跟狗一起没入水中。

日军进攻威海时，中国主要败在陆军，海军还是能打的。海军丁统领（按：即丁汝昌）和陆军戴统领（按：即戴宗骞）不和，有一些海军军官就叫戴统领拉去了。段祺瑞原在金线顶海军学堂任教习，后成为戴统领的幕宾。他经常出入钱庄酒楼，是个荒唐人。我曾看见他在前峰西村人刘铭三所开的恒利永号出入，还见城里十字口戏楼上演戏时为他"跳加官"。黎元洪原来在广乙舰上当二车，是甲午战后转陆军的。

日军打威海，采用包抄后路的战术，先用海军掩护陆军在荣成龙须岛登陆，由荣成大道西进，袭取南帮炮台。戴统领仓促应战，粮台重事竟毫无准备，士兵出发时暂发烧饼充饥。所准备的烧饼又不敷分配，便趁年节期间抢老百姓的过年食物。戴统领平时好说大话，真打就不行了。他带的绥军六个营，军纪很坏，所以老吃败仗。光绪二十一年正月初五，日军包围了南帮炮台，巩军伤亡很大，有可能全军覆没，海军官兵都很着急。这时，丁统领亲自带领几条舰开近南帮，用重炮遥击日本马队，掩护巩军突出重围。荣成的官兵退到孙家滩、大西庄、港南一带后，在正月初七又同日军打了一仗。日军遭到抬杆的扫射，死人很多。可是阎统领（按：即阎得胜）不敢打，也不跟孙统领（按：即孙万龄）配合，就自己撤走了。第二天孙统领撤到酒馆，就按临阵脱逃的罪名将阎统领处死了。

陆军西撤以后，丁军门想坚守刘公岛，就派他的卫士天津人杨发和威海人炮手戚金藻乘宝筏船到北帮炸毁了炮台和子药库。他还亲自到北帮炮台邀戴统领商讨攻守大计。戴统领进刘公岛后，感到失守炮台罪责难逃，怕朝廷追究，就自尽了。刘公岛护军张统领（按：即张文宣）也是自尽的。丁军门先在定远，后上靖远督战，但为投降派所逼，知事已不可为，就从军需官杨白毛处取来烟膏，衣冠整齐，到提督衙门西办公厅后住屋内吞烟自尽。我当时是在提督衙门站岗的十卫士之一，亲眼所见，所以知道详细。

丁军门自尽后，工程司严师爷（按：应为营务处牛提调、即牛昶昞之误）为首集众筹议投降事。先推杨副舰长（按：即杨用霖）出面接洽投降，杨副舰长不干，回到舰上持长枪用脚蹬扳机自尽。其他舰长也有五六人先后自杀。最后推定靖远叶舰长（按：即叶祖珪）代表海军，严师爷代表陆军，与日军接洽投降。他们乘镇北去的，日本的受降司令是大鸟。

北洋水师的船，主要是"七镇八远"。"八远"原来购置时，款子多来自地方，所以就用地名来命名。如保定府出款的叫定远，镇江出款的叫镇远。再像经远、来远、平远，都是这样。只有致远、靖远两条船，是台湾富户出款。

二　陈学海口述

陈学海（1877—1962 年），威海城里人，在来远舰当水手。他曾参加过黄海海战和威海海战。这篇口述是笔者根据一九五六年十月间的三次访问记录整理而成。

　　我小时家里穷，俺爹死了，俺妈养活不了好几个孩子，就打发我出去要饭。光绪十七年，那年我十五岁，经别人指点去投北洋水师当练勇。俺妈托了人，替我多报了几岁，量体高时我又偷偷跷起脚后跟，这才验上了。那次共招了七个排的练勇，一排二百人，共一千四百人，差不多都是威海、荣成海边上的人。练勇分三等：一等练勇，月银六两（按：每两合一千四百钱）；二等练勇，月银五两；三等练勇，月银四两半。我刚当练勇，是三等练勇，一月拿四两半银。那时好小麦才四百多钱一升（按：每升合二十五市斤），苞米二百多钱一升，猪肉一百二十钱一斤（按：每斤合市称一斤二两）。后来打起仗来，物价差不多贵了一倍，猪肉涨到二百钱一斤。俺家里每月能见几两银子，生活可以勉强维持，俺妈也不用串街讨饭了。甲午战争打起来那年，我补了三等水手。水手也分三等：一等水手，月银十两；二等水手，月银八两；三等水手，月银七两。仗一打起来，我就补了二等水手，每月拿八两银子了。水手上面还有水手头：正水手头每月拿十四两银子，副水手头每月拿十二两银子。炮手的月银还要高：一等炮手，十八两；二等炮手，十六两。这是说中国炮手，洋炮手不在此限，他们特别受优待，每月能拿到二三百两银子。

　　北洋水师的船大大小小不下四五十条。水师里有两句话："七镇八远一大康，超勇扬威和操江。"主要的船，这两句话里都有了。"七镇"包括镇东、镇西、镇南、镇北、镇中、镇边、镇海，都是小炮舰。"八远"包括定远、镇远、经远、来远、致远、靖远、济远、平远，都是大舰。"康"，是康济。"七镇"每条船上有五十多人，各七门炮，只船头上一门是大炮，其余都是小炮。"八远"每条船上有二三百人。其中，定远和镇远人最多，各三百多人。超勇、扬威是老船，一放炮帮上直掉铁锈。广甲、广乙、广丙是从南洋水师调来的（按：此处口述者记忆有误，广甲等三舰乃由广东水师调到北洋的），船比较新。定远船头有三十二生的（公分）口径大炮两门，船尾有二十八生的（公分）口径大炮一门

（按：此亦有误，应为舰首各有三十公分半口径炮四门，舰尾十五公分口径炮一门），两侧各有十五生的（公分）口径中炮四门，其他都是小炮，统共有二十多门。威远、康济是练勇船，有一百多人，武器装备很差，只有十一门中小炮，根本不能出海作战。操江是运输船，全船不到一百人，配备五门小炮。飞霆、宝筏是两条差船。伏平、勇平、开平、北平是装煤船。在鱼雷艇当中，福龙最大，船主叫蔡廷干，有三十多人。其次是左一，船主王平是天津人，兼鱼雷艇管带。再次是左二、左三、右一、右二，右三，各有二十多人，带四个鱼雷。还有四个"大头青"（按：即定一、定二、镇一、镇二），也是放雷船，各带两个雷，只有七个人：船主兼管舵，拉旗、烧火、加油、开车各一人，船前船后各有一名水手。另外，有六个中艇（按：应为两个中艇，即中甲、甲乙），只带一个雷，也是七个人。

我一上船就在来远上，船主姓邱（按：即邱宝仁）。光绪二十年八月十五，丁提督接到李中堂的电报，命十八日出发，往大东沟护送陆军。丁提督怕船慢误事，提前两天，于十六日下午两点出发。水师共去了十八条船，护送运兵船五条，装了十二个营（按：应为八个营，每营五百人）。十七夜里下一点，到了大东沟。第二天，一大早就开始卸兵。

早上八点钟，主舰定远上挂出龙旗准备返航。十一点半开晌饭，饭菜刚在甲板上摆好，日本舰队就露头了。定远舰上有个水师学堂的实习生，最先发现日本船，立时打旗语通知各船。丁统领挂"三七九九"旗，命令各舰实弹，准备战斗。于是，咱这边十条舰排成双纵队前进，一会儿又摆成人字阵式，向敌舰直冲。定远先打第一炮，别的船跟着开火。日本船先向北跑，然后又转头向西跑，一连打过来三炮，第一炮就把定远的旗杆线打断。有两个听差去给丁统领送午餐，一颗炮弹扫过来，两个人都死了。丁统领很难过，战后抚恤每家一百两银子。第二炮、第三炮从定远和镇远舱面上扫过去，着起火来。船上官兵一齐动手救火，才把火扑灭。以后就轰轰隆隆打起来了。

当时船上弟兄们劲头很足，都想跟日本人拼一下，没有一个孬种。我和王福清两人抬炮弹，一心想多抬，上肩就飞跑，根本没想到危险。俺俩正抬着，一颗炮弹打过来，就在附近爆炸，一块炮弹皮把王福清的右脚后跟削去，他一点没觉出来，仗快打完了，我才看见他右脚下一片红，就问："二叔，你脚怎么啦？"王福清也是威海城里人，排行老二，我摆街坊辈叫他一辈。他一听，低下头看脚，才站不住了。我立时把他扶进前舱临时病房里，验了头等伤，赏六十两银子。其实，我也挂了彩。胯裆下叫炮弹皮削去一块肉，验了二等伤，赏三十两银子。

定远、镇远、致远、靖远、经远、来远几条船都打得很好。日本主船大松岛中炮起了火，船上所有的炮都哑巴了。数济远打得不行。济远船主姓黄（按：即方伯谦。黄方音近，故误方为黄），是个熊蛋包，贪生怕死，光想躲避炮弹，满海乱窜。各船弟兄看了，没有不气愤的，都狠狠地骂："满海跑的黄鼠狼！"后来，济远船主不听命令，转舵往十八家岛跑，慌里慌张地把扬威撞沉了。致远船主邓半吊子（按：即邓世昌）真是好样的，他见定远上的提督旗被打落，全军失去指挥，队形乱了，就自动挂起统领的督旗。又看日本船里数吉野最厉害，想和它同归于尽，就开足马力往前猛撞，不幸中了雷。这时，满海都是人。邓船主是自己投海的。他养的一条狗叫太阳犬，想救主人，跳进水里咬住了邓船主的发辫。邓船主看船都沉了，就按住太阳犬一起沉到水里了。据我知道，致远上只活了两个人，一个水手头，一个炮手，是朝鲜船救上来送回威海的。

致远沉后，定远上打旗语，各舰知道丁统领还在，情绪更高，打得更猛了。下午三点多钟，平远、广丙、镇南、镇中和四条鱼雷艇也出港参加战斗。日本人一看情况不利，转头就往东南方向逃走。我们的船尾追了几十海里，因为速度比日本船慢，没追上，就收队。回到旅顺，已经是傍晚六点钟。

大东沟一仗，来远受伤最厉害，船帮、船尾都叫炮弹打得稀烂，舱面也烧得不像样子，最后还是由靖远拖到旅顺上坞的。舰队回到旅顺，济远已经先到，黄船主等候在码头上，他向丁统领请过安后，就跪下请罪。丁统领冷笑说："快起来，快起来！不敢当，不敢当！黄管带腿好快啊！"当时就把黄船主押到海军公所。八月二十二日，天刚蒙蒙亮，黄船主就被押到黄金山下大坞西面的刑场上。黄船主穿一身睡衣，据说是刚从被窝里拖出来的。行刑的人叫杨发，天津人，是丁统领的护兵，人很胆大，也有力气，他恨透了"黄鼠狼"，是亲自向丁统领讨了这差使的。行刑时，各舰弟兄们一齐围着看，没有不喊好的。

到八月底（按：此处有误，北洋舰队回威海的时间应在十月间），别的船都回了威海，来远因为伤得厉害，还不能出坞，只留下靖远担任护卫。丁统领见来远的弟兄们打得勇敢，很高兴，自费贴每人一块钱（按：折合七钱二分银子）作奖励。九月里风声更紧，丁统领来电催来远快修，早日归队。来远的船帮、船里刚修好能开车，就回了威海。到威海后，又修理了好几天，才算完全修好。来远进威海口时，兄弟船上齐放九杆炮表示欢迎，也是祝贺来远作战立功。来远的弟兄们高兴极了，就放十八杆炮来回敬。

腊月底傍过年时，威海开始吃紧。老百姓听说日本人要打威海，气得不得了，都把过年的大饽饽留下来，送到城里十字口老爷庙里慰劳军队，连大殿里都摆满了。可是绥军不争气，敌人没见面就跑了。

威海原先有十营陆军：南帮巩军四营，北帮绥军四营。刘公岛护军两营。仗打起来后，巩军、绥军、护军各补充了两营，共十六营了。巩军刘统领（按：即刘超佩）是合肥人，经常打骂当兵的，当兵的给他起了个外号叫"刘胡子"，就是"红胡子"的意思。有一次，一个当兵的得罪了他，他亲自用枪把这个当兵的打死了。他待兵狠，可一听见打仗腿就打哆嗦。正月初五早上，日本人离南帮远着哪，他就乘快艇跑到刘公岛，藏在开大烟馆的同乡林琅斋家里，以后又逃到烟台了。

光绪二十年腊月二十八日（按：日本侵略军分两批登陆，第一批为第二军第二师团在腊月二十五日登陆，第二批第二军第六师团在腊月二十七日登陆。故这里的"腊月二十八日"，应指日军登陆完毕的日期），日军在荣成龙须岛登陆。转过年正月初五，日军得了南帮炮台。日本陆军进威海城，走的是威海西路，初七在孙家滩打了一仗。这一仗中国打得不赖，日本兵死了四五百，中国人伤亡了百八十。阎统领不肯去接仗，不然日本兵败得更惨。阎统领脸黑，是个大烟鬼，当兵的都叫他"阎黑子"。他待兵不好，所以也有骂他"阎孤露"的。"孤露"就是绝后，在封建时代是很厉害的骂人话。孙统领（按：指嵩武军总兵孙万龄）个儿不高，是个小胖儿，很能打仗，外号叫"孙滚子"。他把阎统领处死，大伙儿都称赞他。

初七这天，日本人就进了威海城。这天下午，我在船上望见东城门楼上挂膏药旗，知道威海丢失了。丁统领怕北帮炮台叫日本人得了，就派六十多名自报奋勇的（按：指敢死队）去毁炮台，其中有戚金藻、杨发等人，当时毁得很彻底，炮身全部炸裂，把子药库也烧了。同一天，丁统领又派王平带人去南帮炸毁炮台。王平坐的是左一鱼雷艇，除原来艇上有三十多人外，还临时有七个自报奋勇来的，其中有我，另外我只认识四个人，两个天津人，两个荣成人，都是水手。出发前，丁统领为了鼓励俺这些人，给左一官兵各发了三十两银子，俺这七个自报奋勇来的各发了六十两银子。左一带了三只小舢板，船尾一只，船旁各一只，准备登岸用的。快靠近南帮时，被敌人发现了，向我们射击。王平怕死，不敢上岸，转舵向后跑，还威胁我们回去不许说出实情。王平自己却回去向丁统领报功，说去到南帮后，因时间仓促来不及炸炮，用坏水（按：指锢水）浇进炮膛把炮废了。丁统领信以为真，高兴说："刘公岛能够久守了。"

王平怕谎报战功的事被丁统领发觉，办他的罪，就和他的亲信商量逃跑。我在来远中雷后被救上岸，派在铁码头上站岗。十二日晚间，我知道了这件事。我有个要好的朋友在鱼雷艇上，偷偷告诉我十三早上在码头上等着，好随鱼雷艇跑。我说："这样干不对！"他说："王船主有命令，谁敢不从！"我说："咱高低不能干这号事！"他说："唉！没有法子。"我没有说服他，但我也不敢声张。果然，十三日早晨，王平领着福龙、左一、左二、左三、右一、右二、右三这七号鱼雷艇，两个中艇，四个"大头青"，还有飞霆、利顺两条船，从北口子逃跑了。在这些船当中，只有左一在当天午间逃到烟台，其余的不是搁滩，就是叫日本海军俘虏了。王平逃到烟台以后，去见登莱青道刘叭狗（按：指刘含芳），谎报威海失了。刘叭狗又上报给省里，这样从贵州调到烟台的援兵就没有东来。当时领头逃跑的还有穆晋书和蔡廷干。

正月初七下午，丁统领派人去毁北帮炮台，把戴统领从北帮祭祀台接进刘公岛。当时正轮着荣成城厢人王玉清和荣成俚岛人杨宝山两个人在铁码头站岗，把戴统领从船上搀扶下来。他俩后来告诉我，戴统领身穿一件青面羊皮袄，上面抹得很脏，头戴一顶瓜皮帽，还缠了一条手巾，面色很难看，对王、杨俩说："老弟，谢谢你们啦！"接着长叹一口气，自言自语说："我的事算完了，单看丁军门的啦！"戴统领进岛后，第二天喝了大烟，但药力不足，抬在灵床上又挣扎着坐起来。当时萨镇冰（按：萨镇冰当时为康济舰管带）守在旁边，又让他喝了一些大烟，这才咽气。戴统领死时，我正在门外站岗，看得很真切。

当时威海两个口子把守得很严实，都拦上了铁链木排，上有浮雷，下有沉雷，要是没有人引路，日本人插翅膀也别想飞进来。正月初十，英国提督（按：指英国远东舰队司令裴利曼特）进港会见丁统领，由镇北领进来，日本军舰这时也停止了炮击，可见他两家是打过招呼的。英国提督船走了，当天夜里日本鱼雷艇就进港偷袭。日本两条鱼雷艇也没能回去，都叫咱俘虏了，艇上的日本人不是打死，就是落水了。

刘公岛上有奸细。据我知道，有个叫傅春华的，湖北人，不务正业，先在岛上杀猪，以后又拐篮子抽签子，出入营房，引诱官兵赌博，趁机刺探军情。正月十六日夜里，站岗的还发现东疃善茔地里有亮光，一闪一闪的，像是打信号，就报告了提督衙门的师爷杨白毛。杨白毛和张甩子（按：指刘公岛护军统领张文宣）联系，派人去善茔地查看。找了很久，没发现可疑的地方。就要准备回头走，有人发现有几座坟背后都堆了不少杂草，有点异常。把草扒开，有个洞，用灯往里一照，原来里面藏的奸细。这天夜里，一共抓了七个日本奸细。这伙人已经活动了好几个晚上，他们在坟后挖个洞，打开棺材，把尸首拖走，白天藏在里面，夜间出来活动。这七个日本奸细当天就被处死了。

三　苗秀山口述

苗秀山（1873—1962年），威海刘公岛人，在镇北舰上当水手。他因家住刘公岛，从小与北洋舰队水手接触，故对水师的情况极熟。他本人还亲自参加了威海海战。这篇口述是笔者根据一九六一年十月十三日的访问记录整理而成。

我是刘公岛人，住东疃西街，下海打过鱼，也干过杂工。光绪二十年七月初四日上的船。当时仗已经打起来，水师需要人，我在西局子练勇营住了四天就上船实习。总共干了七个多月，头个月拿四两银子；第二个月拿四两半银子；第五个月转为正式水手，拿七两银子；第七个月升二等水手，就拿八两银子了。

因为我家住刘公岛，从小就和水手们混得很熟，所以对北洋水师各船的情况知道得很详细。最初船上是用菜油灯照明，有专人专门管点灯。各船都没有汽灯，就是大船有两盏电照灯，设在垛楼上。光的圆径约一尺，能照十几里远。到甲午战争时，大船都用上汽灯了。北洋水师各船当中，威远来得最早，是从上海开来的，水手们都叫他"二十号"。威远有三根桅，四条横杆，所以又叫他

"三支香"。定远、镇远都是两根桅，只是前桅有一道横杆。广甲、广乙、广丙都是新船，式样和威远差不许多，是中国自己造的。丁统领是安徽人，下面的管带差不多都是福建人。船上还有一些洋员，英国人、德国人、美国人都有。定远刘管带不买洋员的账，洋员最恨他，老是背后说他的坏话。

我一上船就在镇北上，船主是吕大胡子（按：即吕文经）。镇北船很老，船里帮的铁板都生了锈，一放炮铁锈簌簌往下掉。镇北船上共有七杆炮：船头一杆大的；船尾两杆小的；船左帮前一杆是十个响，后一杆是一个响；船右帮前一杆是四个响，后一杆也是一个响。船头的大炮有来复线，一边有专人管药，一边有专人管炮子。放时，先装好炮子再装药。船两帮的炮用的炮子不一样，都带铜壳，但大小不一：十个响的跟步枪子弹相似；四个响的像重机枪子弹；一个响的炮子还要大，有两三寸长。船后桅上挂船主旗，黄白两色，二寸多宽，一丈多长，旗尾有叉。

水手都穿蓝裤褂，裤子前面打折，腰间系蓝带，头上扎青包头，脚下穿抓地虎靴。冬天棉裤棉袄外罩蓝裤褂。假日上岸另换服装：夏天白衣裤；冬天蓝呢衣裤。操练都用英国式，喊操也用英语。官兵级别不同，袖饰也不一样：三等水手一道杠；二等水手二道杠；一等水手三道杠。水手头腰里不系蓝带，袖饰因正副有区别：副水手头一口红色锚；正水手头两口锚。掌舵的级别相当于正水手头，带两口锚。帮舵相当于副水手头，带一口锚；也有时用一等水手充任，带三道杠。搞油的级别和正水手头相当，也带两口锚，但饷银略高些，每月能拿十四两半银子。炮手以上都是官，夏天戴草帽，冬天戴瓜皮帽。水手们背地称当官的是"草帽儿"。当官的都穿青纱马褂，边上带云字，级别以袖口上分：炮手是一条金色龙；管带、大副、二副都是二龙戏珠，但珠子颜色不同，管带的珠子是红色的，大副的珠子是蓝色的，二副的珠子是金色的。

大东沟打仗，我没参加。只知道镇远从旅顺开回来，进北口子船底擦了一条缝，船主林泰曾人很要好，觉得自己有责任，一气自杀了。靖远在大东沟船帮裂了两三寸宽的口子，后来在威海作战时中雷沉的（按：此处记忆有误。靖远是中炮搁浅，后来自己炸沉的）。威海打仗期间，我一直在镇北上。船主吕大胡子（按：即吕文经）在中法战争时管四烟筒的船，因为船打沉了充军到黑龙江，甲午战争发生后调到北洋水师带镇北。正月初五，日军打南帮炮台时，我们的船随丁统领开到杨家滩海面，炮击日本陆军，帮助巩军突围，打死不少日本兵。

英国提督的差船叫"拉格兑"，三根桅，是我去领进港的。正月初十下午，镇北先到黄岛边上停下，我又坐小舢板到北山后去领"拉格兑"，两点多钟进了港。进港时，两下里都吹号站队。我们吹的是迎接号，跟早晨八点号一样，也是"滴滴滴答答……"。"拉格兑"停在铁码头前，英国提督上了岸，就去提督衙门见丁统领。原来英国提督进港，是为日本人效劳的。日军占领刘公岛后，"拉格兑"又来了，可受日本人欢迎啦。老百姓都说英国人和日本人穿连裆裤，后来还流传几句话："狗（按：指日本侵略者）扒地，鹰（按：指英国帝国主义）吃食，老毛子（按：指沙俄帝国主义），干生气。"

"拉格兑"离港的当天夜里，月亮快落时，日本鱼雷艇就来偷袭。当时，来远、镇西、镇北停在日岛附近，成三角形，担任警戒。有个水手发现海面有几个可疑的黑点，向当官的报告。那个当官的也不查清楚，反把这个水手臭骂一顿，说他大惊小怪，无事生非，扰乱军心。日本鱼雷艇见没有被发现，胆子越发大了，就绕到金线顶再向东拐，对定远放了鱼雷。定远中雷后，开到刘公岛东瞳海面搁浅，后来自己炸沉了。第二天夜里，日本鱼雷艇又进来偷袭，来远也中雷了。差船宝筏和来远停在一起，也被炸翻了。镇北兄弟们警惕性高，见日本鱼雷艇放雷，连忙开车，鱼雷恰恰从船边擦过，没有中。这样一来，弟兄们都火了，枪炮齐鸣，结果俘虏了两条日本鱼雷艇，艇上的日本兵都打死了。以后，镇北就在杨家滩海面上看守这两条日本鱼雷艇。

正月十三日早上，鱼雷艇管带王平带着福龙、左一等十几条鱼雷艇，从北口私自逃跑，多半被日本军舰打沉。福龙船长穆晋书（按：此处记忆有误，福龙管带为蔡廷干。穆晋书是济远舰的鱼雷大副，是跟王平一起策划逃跑的），是个怕死鬼，一出港就投降了日本人。还有一条鱼雷艇，在威海西面的小石岛搁浅，艇上官兵逃上岸，被日本人全部捉住，押到西涝台村杀了。只有王平坐的左一，速度快，侥幸逃到了烟台。

当时刘公岛上有奸细活动，护军统领张文宣派人去搜，抓了七个日本奸细，在正营门前的大湾旁杀了。日本奸细的尸首陈列在湾边上，弟兄们没有不恨的，打那儿路过时总要踢上几脚解恨。我去看过，也踢了好几脚。张统领倒是个硬汉子，想守到底，后来实在不行了，就在西疃的王家服毒死了。刘公岛吃紧时，岛上绅士王汝兰领着一帮商人劝丁统领投降，丁统领说什么不答应，还把他们训了一顿。

领头投降的是牛提调（按：指牛昶昞），当时派镇北去接洽，我也在船上。受降地点在皂埠东海面上。我们船靠近日本船时，只听日本人用中国话呵斥："叫你们抛锚啦！"弟兄们都低下头，心里很难受。去接洽投降的中国官有五六个。结果港里十条军舰都归了日本，只留下康济运送丁统领等人的灵柩。岛里的官兵都由镇北装出岛外，由日本兵押解到烟台。

附录四:丁汝昌《致戴孝侯书》

现存丁汝昌《致戴孝侯书》,凡五封。戴宗骞,字孝侯,时为威海绥巩军统领。此信为日军占领威海后所得,后由日本书商以《丁汝昌遗墨》影印发表。清朝末年,我国留日学生何基鸿于旧书坊中购得一册,携之回国。一九三六年冬,曾影印数十册分赠各处。目前此书在国内已很难见到,特附录于此,以供研究北洋舰队及丁汝昌者参考。

一

孝侯仁仲观察大人如握:

昨奉电示,贵两军(按:指绥军和巩军)各抽一旅为抚师(按:即山东巡抚李秉衡的军队)接应,有骁将(按:指刘澍德)率之,必足有济。麾下持重根本之地,军民之心晋足以团,庆幸何如!汝昌以负罪至重之身,提战余单疲之舰,责备丛集,计非浪战轻生不足以赎罪。自顾衰朽,岂惜此躯?惟以一方气谊,罔弗同袍,骖靳之依,或堪有济。然区区之抱不过为知者道,但期同谅于将来,于愿足矣。惟目前军情有顷刻之变,言官逞论列曲直如一,身际艰危尤多莫测。迨事吃紧,不出要击,固罪;既出,而防或有危不足回顾,尤罪。若自为图,使非要击,依旧蒙羞。利钝成败之机,彼时亦不暇过计也。曲抱之隐,用质有道,尚希有以见教为敏!祗达。敬颂

筹绥!

如小兄

丁汝昌顿首

初二

二

孝侯仁仲观察大人如握：

　　顷奉联鲤，敬承一是。饷车今晨动身，且荷见允如前饬护，感戢无似。清帅（按：即吴大澂）电读悉，盖系炮台所用量远近之镜，敝军未备此物，兹饬将镜名另纸确开。又检量天尺一架，此亦能量远近，但不如前项之便捷耳。复颂

苌绥！

如小兄

丁汝昌顿首

初二

三

孝侯仁仲观察大人如握：

　　承允各台以余勇赴探，健甫（按：即原广甲管带吴敬荣）展谒，复蒙指导，感真无量。并述尊意，倭逆万一登岸，吾仲已选锐卒，以备亲率迎剿前路抵御，固为得机得势，惟兵力过单，恐后路不足为固，诚以为虑。委以鄙人照料，临事在海分调船艇，犹惧未能悉当，岂有余力指挥在岸事宜？伏念威海陆路全局系于吾仲，幸宜持重，总期合防同心，一力固守，匪惟一隅之幸也。逊抑鸣谦，非其时耳。余健甫面陈。此叩

苌绥！

如小兄

丁汝昌顿首

初三

四

孝侯仁仲观察大人如手：

　　顷奉明教，苌画周详，赴机电迈，足卜敏则有功，益信吾道之

不孤矣。可为心析。俊卿（按：即巩军统领总兵刘超佩）处已承指示，谅可笃行。健甫安炮，至承惠饬后营助筑大墙。即有余力可分，当即遵嘱照行，感尤无量。吾围通筹，差足为固，则游击之师不得不仰仗抚军。征调添慕之营，现未知实有若干将次滨烟，极以为盼。倭赴榆关，料不易逞志，铤而走险是其惯习，宜更防其回扑我境也。俊卿中前营，昨议设值紧要时，一倒内撤，业经商有大致。用质尊意，如较稳妥，并望转知为幸！承赐生鱼，附谢。此颂
筹安！

如小兄

丁汝昌顿首

五

孝侯仁仲观察大人麾下：

昨至俊卿处，查近处筹备甚固，惟后路未曾设备。已商同相度，允以扼要赶办。再昨据各洋人报称，德璀琳前带数人至马关办理议和事，美公使曾允主盟，惟该国意，和事须到北京方议。刻闻山海关倭兵船在彼已游弋数日，威海目前当不暇及，我正可及时纾力增备也。此颂
勋安！

如兄

昌顿首

初七

附录五:李锡亭《清末海军见闻录》

李锡亭,荣成马山人,曾为谢葆璋幕宾。谢葆璋先在来远舰供职,后任烟台海军学校校长。李锡亭与谢葆璋私交甚厚,故极熟悉北洋海军掌故。这里刊布的是《清末海军见闻录》的摘录。

甲午之前,海军创设,兵船多购自英国,派赴英国学习海军的学生亦不少。开办之初,人尽外行,丁汝昌系陆军出身,于训练上聘英人琅威理主持一切。北洋水师以旅顺、威海为根据地,时人为之语曰:"铁打的旅顺,纸糊的刘公。"谁知一经战斗,旅顺并不坚于刘公岛。海军创办学校,最先在马尾,所以隶籍海军者以闽人为最多。继而黄埔、南京、天津、威海刘公岛,亦各立学校。刘公岛校寿命最短,逐甲午之后而消灭。

北洋水师的巡洋舰,当日皆呼为快船,其水兵衣襟上带有符号,上襟是"北洋水师",下襟是"某某快船"。服装则穿蓝的时间较长,所以军中的洋员呼水兵为"蓝衣"(Blue jacket)。头上则冷时打"包头",暖时草帽(按:此处记忆有误,北洋水师中只有官员才能戴草帽,水手并不戴草帽),腰束宽带;足则冷时皂靴,暖时赤脚,以船面尽是木制,不断洗扫,毫无灰垢。放假时白衣青呢裤、包头、皂靴,工作时仍穿蓝衣裤、皂布靴。官员服装为镶边马褂、白裤、便帽、便鞋,遇有礼节时则易大帽(按:即红缨秋帽)、顶带、青缎靴、佩指挥刀。刀鞘系黑皮饰金。

　　定远管带刘子香，早年去英国习海军，成绩冠诸生，提前归国。北洋水师创建之初，一切规划，多出其手。他在大东沟一战中指挥努力，丁汝昌负伤后，表现尤为出色。有诬其怯战者，特受洋员之蒙蔽耳。其为人素不满洋员，愤洋员之不学无术，骄纵专横。丁汝昌尝因事离舰，刘子香撤提督旗而代以总兵旗。时琅威理任海军总教习，挂副将衔，每以副提督自居，则质之曰："提督离职，有我副职在，何为而撤提督旗？"刘子香答以水师惯例如此。琅威理由此嫉恨在心。洋员泰莱颇具野心，尝倡议购置智利巡洋快船，交其本人指挥。刘子香闻之，从中梗阻，泰莱愤然，每寻机诋毁之。此后，泰莱又欲谋总教习一职，亦受阻于刘子香。初，汉纳根建议提督，以泰莱为其继任，汝昌未决。刘子香闻此议，力陈泰莱之为人，野心难羁，终将偾事，汝昌韪之。泰莱乃大愤，益迁怒刘子香。

　　甲午战前，日本政府养活一批浪人留发辫，学汉语，到中国从事间谍活动，其中有不少冒充为"游学的"。昔日困乏的读书人，不肯沿门托钵讨饭，而自比于儒者之林，带点轻微行装，向私塾行乞，研讨文学者绝少。膳时收点饭给他吃，晚上给他一个地方住宿，收几文钱打发他走。塾师多憎恶之，俗称之曰"游学的"，实际等于识几个字的乞丐。甲午战之先，有一位"游学先生"在荣成地区遍闯学馆，有时向塾师索纸书对联，署名"大山"，一般塾师莫之注意也。及日寇登陆之后，有人重见其人于日本军队中，始如梦初醒，知为日人留辫伪装华人而侦查情况者也。